Maria Kopp
@wolkenletterei

Floral Line Art

Maria Kopp
@wolkenletterei

Floral Line Art

Blumen einfach selber zeichnen lernen

mvgverlag

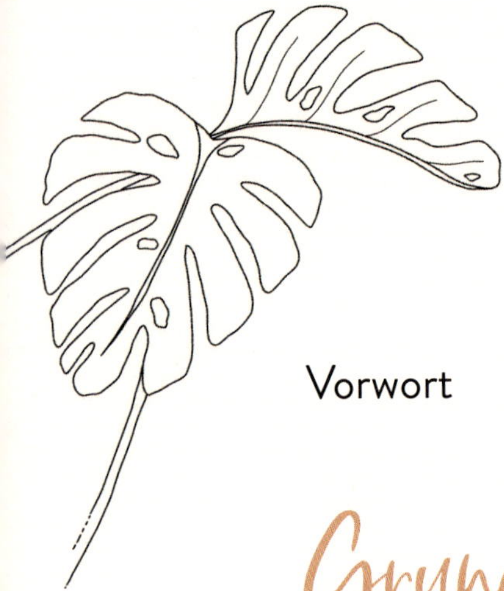

Inhalt

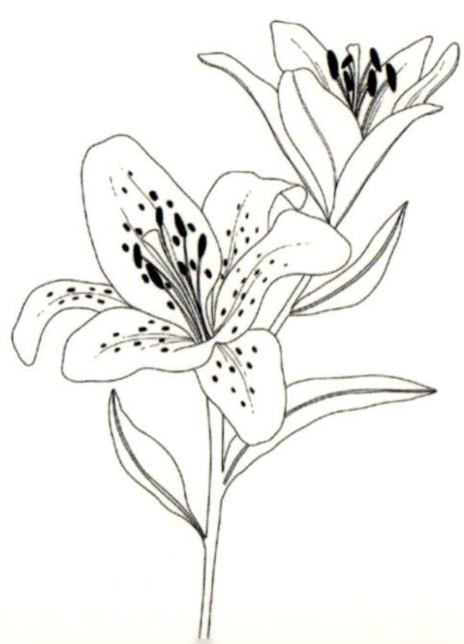

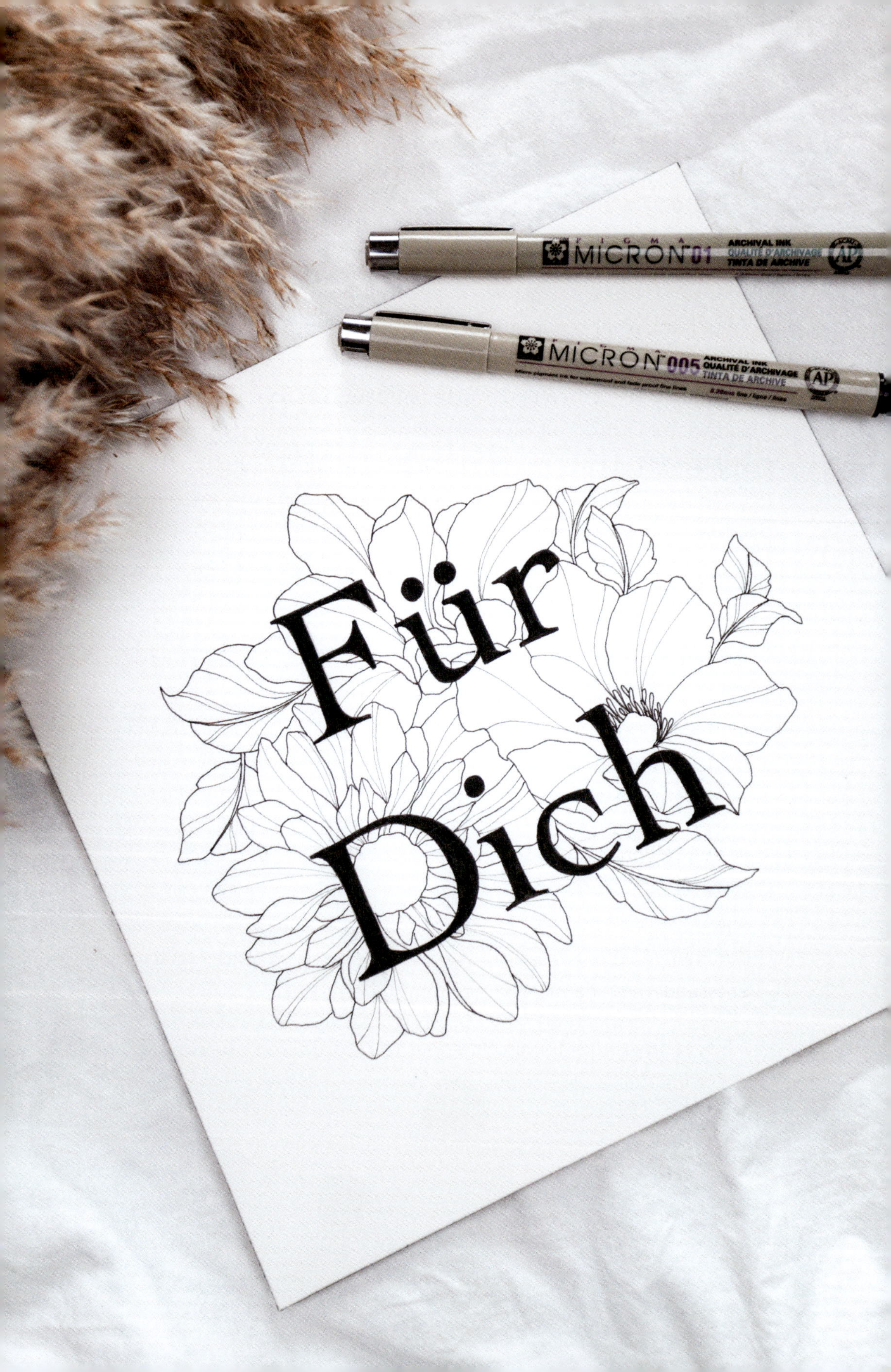
Für
Dich
PIGMA MICRON 01
ARCHIVAL INK
QUALITÉ D'ARCHIVAGE
TINTA DE ARCHIVE
PIGMA MICRON 005
ARCHIVAL INK
QUALITÉ D'ARCHIVAGE
TINTA DE ARCHIVE

Vorwort

Wie schön, dass du dieses Buch in die Hand genommen hast!

Als ich mich vor ein paar Jahren auf meine kreative Reise begeben habe, traf ich zuerst auf das Thema Handlettering. Ich lernte, wie man Buchstaben und Wörter aufbaut, zeichnet und sie in verschiedenen Kompositionen zusammenwirken lässt. Es gibt viele wundervolle, bunte Werke mit vielen Highlights, Schatten und Effekten, aber meine Welt war schon immer das Schlichte und Feine. So kam es, dass sich zu meinen Letterings immer wieder Blumen und Blätter gesellten, mal mit Aquarellfarben gezeichnet und dann – immer häufiger – nur mit dem Fineliner.

Ich war auf einmal fasziniert davon, mehr über Pflanzen und deren Aufbau zu erfahren. Zuvor war ich, grob gesagt, gerade einmal in der Lage einen Kaktus von einer Rose zu unterscheiden. Mittlerweile vergeht kein Tag, an dem ich nicht an meinem Schreibtisch sitze und Blumen zeichne.

In den folgenden Kapiteln möchte ich dir meine Leidenschaft für zarte florale Motive näherbringen und dir zeigen, wie du mit wenigen Materialien edle Motive schaffen und sie vielfältig verwenden kannst. Wie wäre es denn, nachdem ein Motiv auf Papier entstanden ist, damit, z. B. Schuhe zu bemalen?

Also, schnapp dir deinen Fineliner und komm mit mir auf die Reise ins Reich der botanischen Illustrationen im Line-Art-Stil!

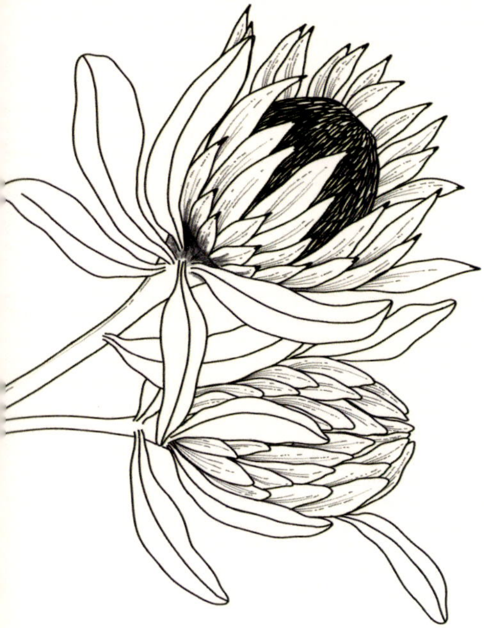

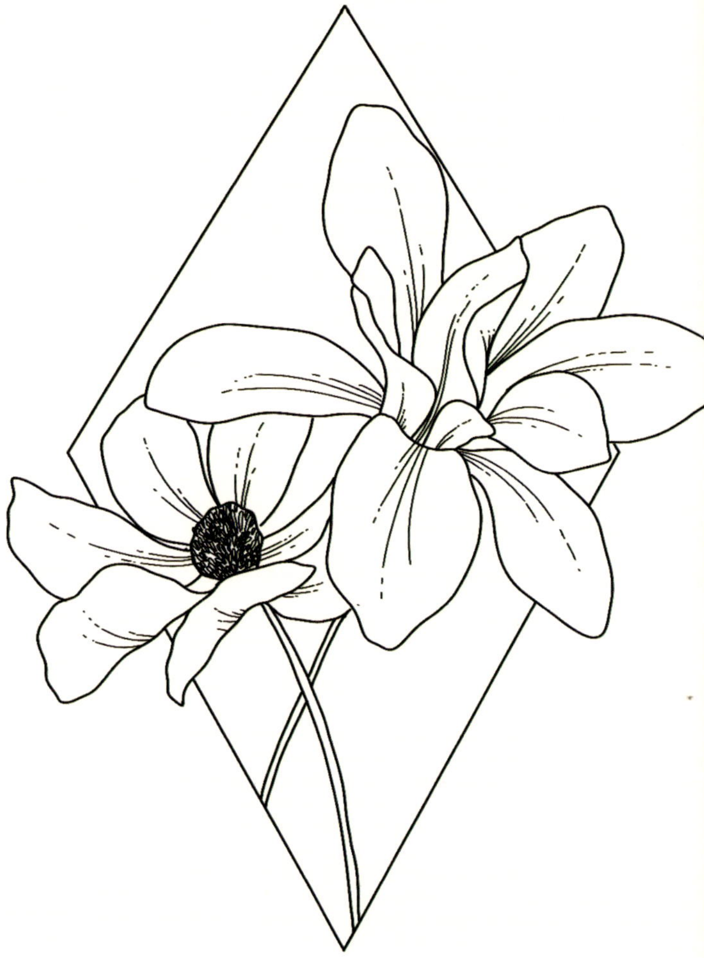

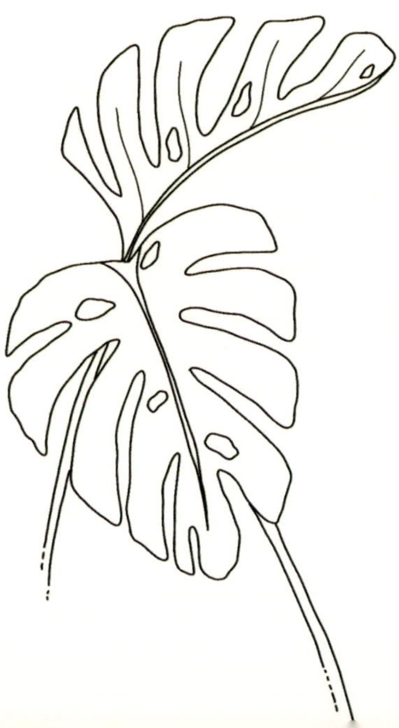

Grundlagen

Was ist Line Art?

Der Begriff Line Art setzt sich zusammen aus dem englischen Wort „Line“, zu deutsch „Linie,“ und dem englischen Wort „Art“, zu deutsch „Kunst“. Strenggenommen bestehen Line-Art-Illustrationen also ausschließlich aus Linien in verschiedenen Stärken, die zusammen ein Bild ergeben. Allerdings geht es bei Line Art um sehr viel mehr als nur um eine Skizze. Mit nur einem Medium werden komplexe, detaillierte Motive erschaffen. Klassische Line Art ist oftmals in Schwarz-Weiß gehalten, möglich ist aber natürlich jede beliebige Farbe, auch vor farbigem Hintergrund. Typischerweise wird mit Bleistift, Fineliner oder Tusche gezeichnet, wobei das reine Ausfüllen von Flächen vermieden wird. Wie bei jeder Kunstform, sollte hier jedoch gesagt sein: Regeln sind zum Brechen da.

Material

Um richtig mit Line Art durchzustarten, brauchst du natürlich das passende Material, denn Stift ist bekanntlich nicht gleich Stift. Hier kommen meine Empfehlungen für Line-Art-taugliches Material.

BLEISTIFT

Zum Vorzeichnen empfehle ich dir einen Druckbleistift mit einer HB-Miene. Bei einer weicheren Miene kann es dir passieren, dass die Pigmente sich zu stark in das Papier reiben und sich die Linien nicht mehr rückstandsfrei wegradieren lassen. Der Vorteil von Druckbleistiften ist, dass sie immer eine schöne feine Spitze behalten und man sie nachfüllen kann. Meine Empfehlung für einen schönen Druckbleistift, der gut in der Hand liegt, ist der Tombow Mono Graph mit einer Miene der Stärke 0,5.

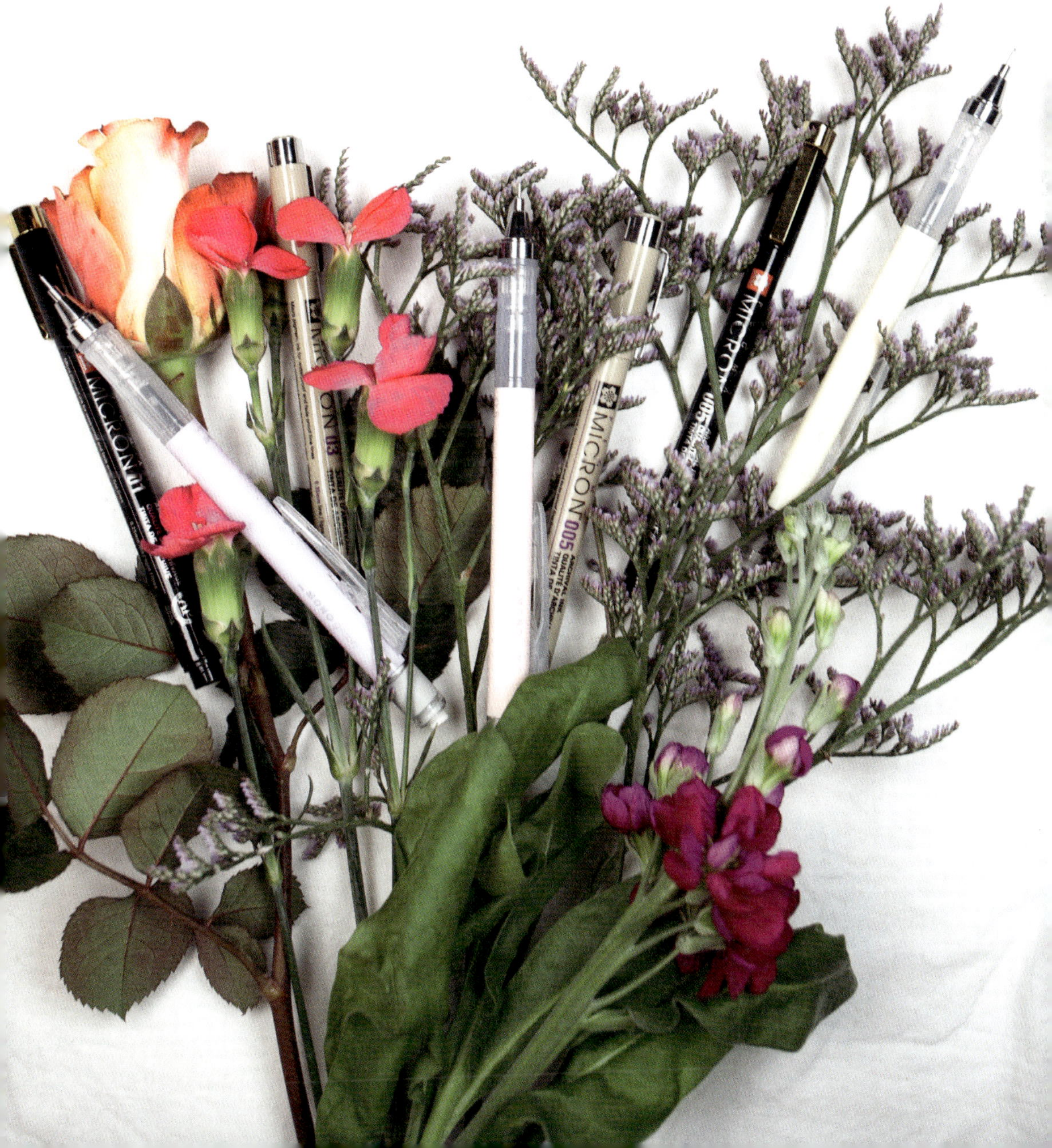
MICRON 03
MICRON 005

RADIERGUMMI

Achte darauf, einen möglichst weichen Radiergummi zu verwenden, der die Struktur deines Papiers auch bei mehrmaliger Verwendung nicht kaputt macht. Der Radiergummi Tombow Mono und der Radierstift Tombow Mono Zero sind meine persönlichen Retter bei jeder Zeichnung.

PAPIER

Zum Üben und Vorzeichnen empfehle ich dir das Druckerpapier DCP von Clairefontaine, welches eine superglatte Oberfläche hat, auf der man mit dem Stift praktisch entlanggleitet. Außerdem belastet es deinen Geldbeutel nicht so sehr. Das „normale" 80 oder 90 g schwere Papier reicht zum Vorzeichnen völlig aus. Für deine finalen Werke kannst du viele Papiere nutzen, wichtig ist nur, dass die Oberflächenstruktur nicht zu stark ausgeprägt ist, da du dir sonst die Spitzen deiner Fineliner ruinierst. Meine Empfehlungen sind das Fabriano White White Paper und das Mixed Media Papier Imagine von Canson.

FINELINER

Kommen wir zum Herzstück deiner Materialsammlung, dem Fineliner. Es gibt unheimlich viele verschiedene Hersteller für Pigmentliner, wie Fineliner auch genannt werden, die sich jeweils in der Zusammensetzung ihrer Farben etwas unterscheiden. So befindet sich in den Pitt Artist Pens von Faber Castell beispielsweise pigmentierte Zeichentusche, die sich durch eine hohe Lichtbeständigkeit auszeichnet. Der Mono Drawing Pen von Tombow arbeitet dagegen mit pigmentierter Tinte auf Wasserbasis. Hierbei gilt es, mit der Zeit herauszufinden, welche Marke am besten zu dir passt und welcher Stift dir am besten in der Hand liegt.

SCHWIERIGKEITSGRADE

◆◇◇ einfach

◆◆◇ mittel

◆◆◆ schwer

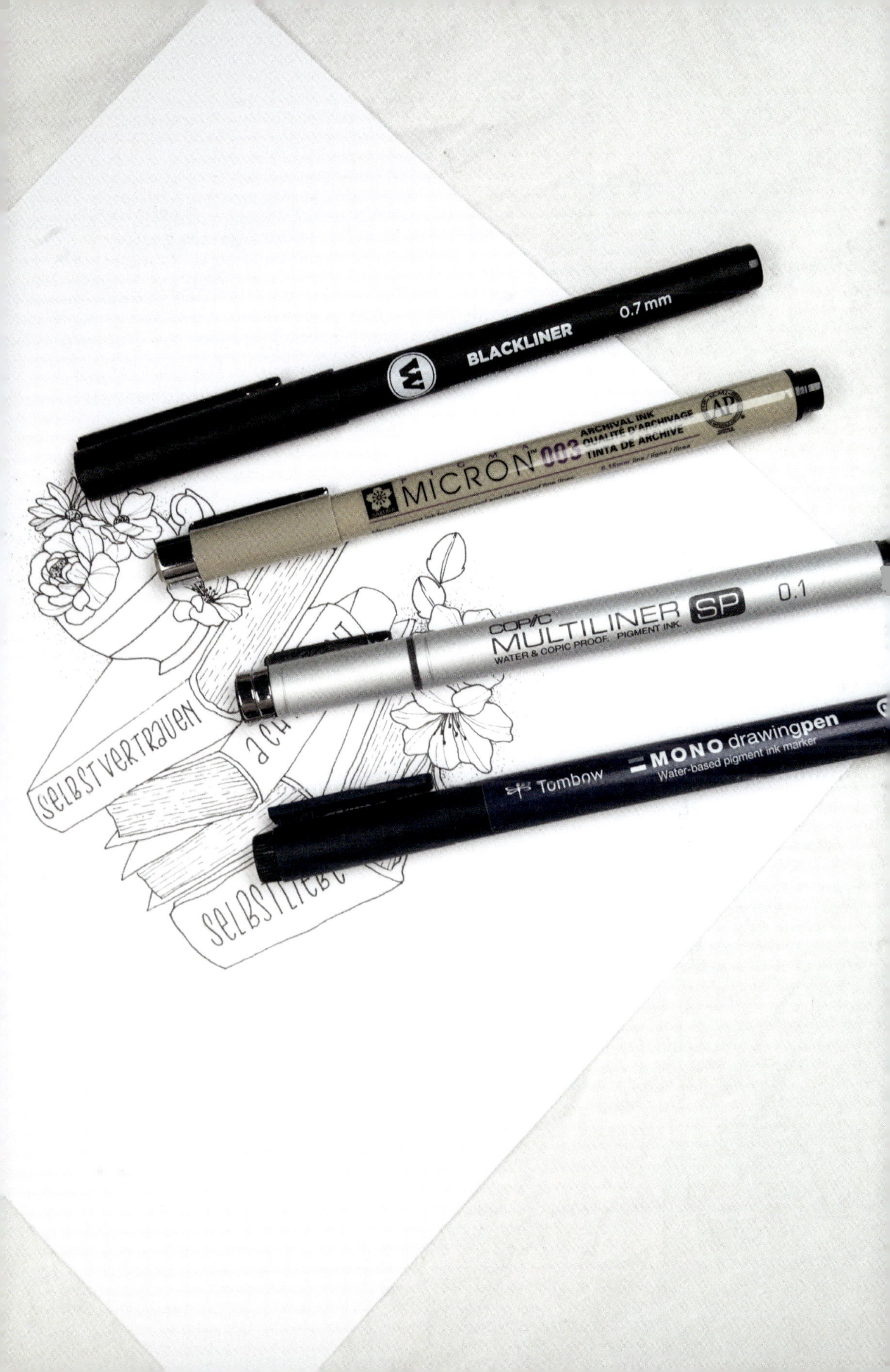
BLACKLINER
0.7 mm
PIGMA MICRON 003
ARCHIVAL INK
QUALITÉ D'ARCHIVAGE
TINTA DE ARCHIVE
COPIC
MULTILINER SP
0.1
WATER & COPIC PROOF PIGMENT INK
Tombow
MONO drawingpen
Water-based pigment ink marker
selbstvertrauen
selbstliebe

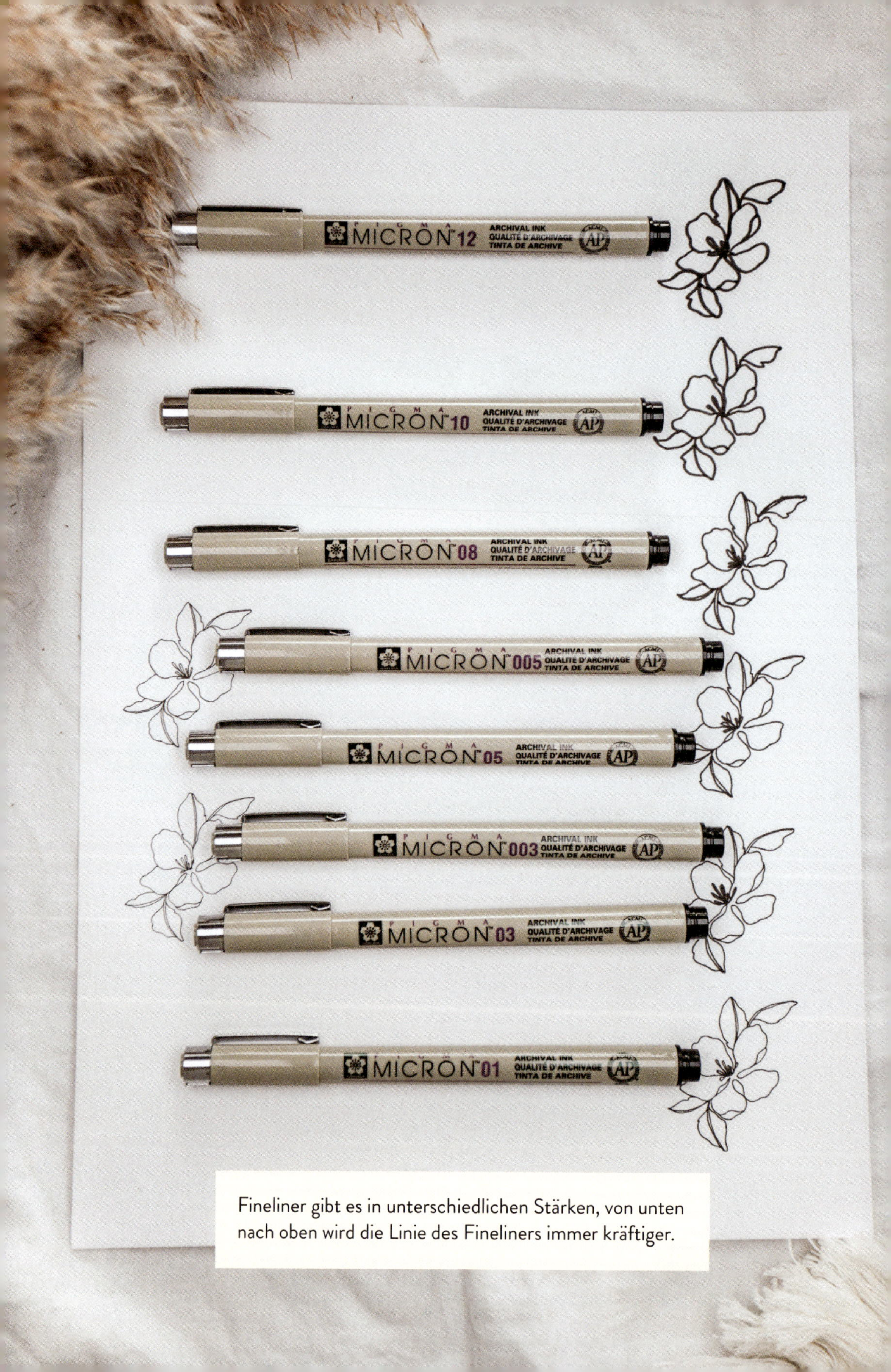

Fineliner gibt es in unterschiedlichen Stärken, von unten nach oben wird die Linie des Fineliners immer kräftiger.

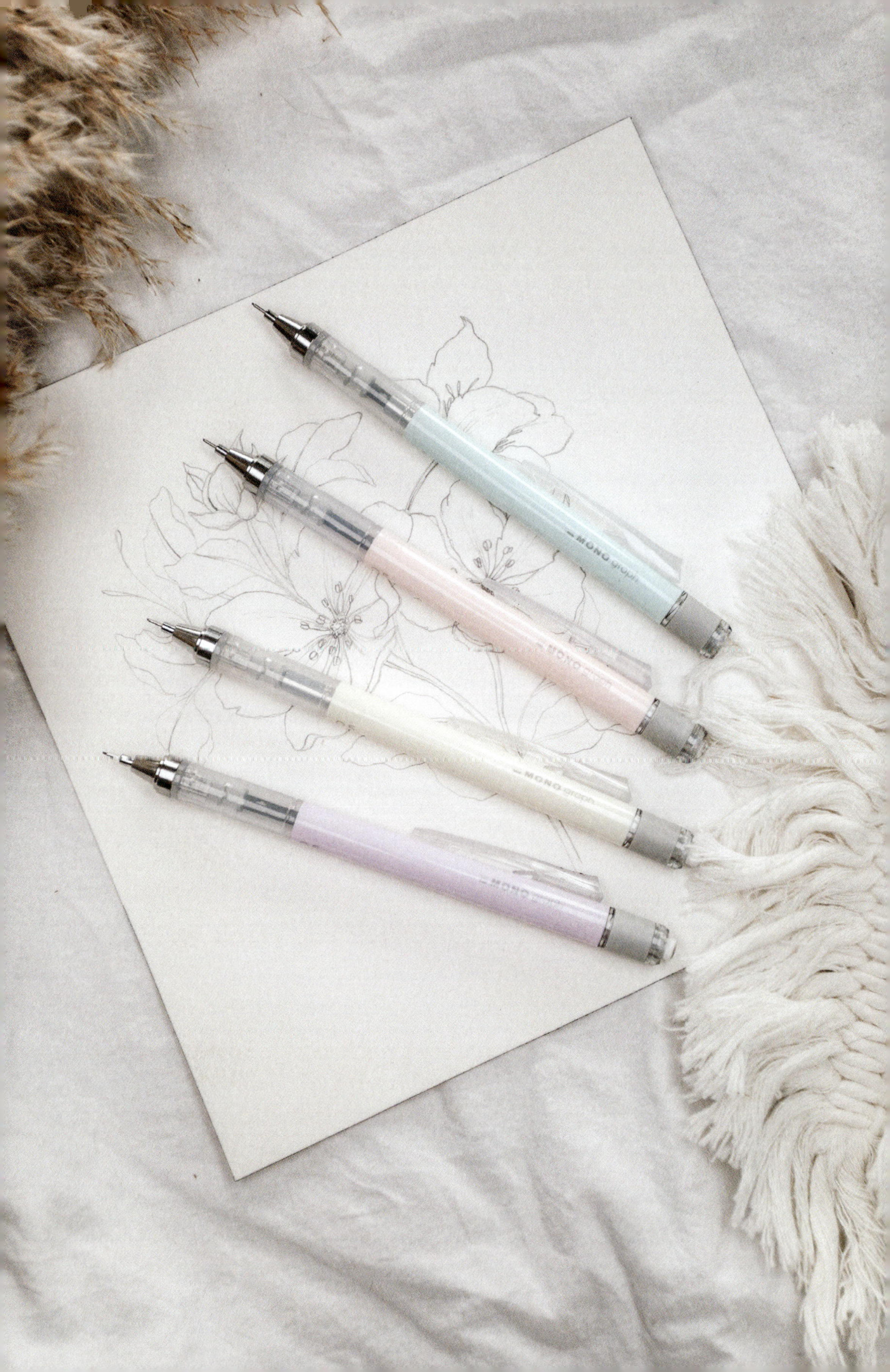

Aufwärmübungen

In der menschlichen Hand befinden sich über 30 Muskeln, und diese wollen trainiert und aufgewärmt werden. Kein Kraftsportler, Jogger oder auch Tänzer würde beginnen, ohne sich aufzuwärmen. Beim Zeichnen jedoch vergessen es die meisten. Wenn du dich zum Zeichnen hinsetzt, nimm dir als Erstes ein Schmierpapier und gib deinen Muskeln die Zeit, sich auf das Zeichnen von feinen Formen und zarten Linien vorzubereiten.

Die Ergebnisse deiner Aufwärmübungen müssen nicht schön sein, sie dienen ausschließlich dazu, deine Hand an die Formen zu gewöhnen, die du zeichnen möchtest. Je öfter man bestimmte Bewegungen wiederholt, umso leichter fallen sie. Das gilt nicht nur für Tanzchoreografien, sondern auch für die Arbeit mit Pinseln und Stiften. Das sogenannte Muskelgedächtnis lässt sich besonders gut trainieren, wenn man sich einmal am Tag 5–10 Minuten Zeit nimmt, um seine Übungen zu wiederholen. Auch nervige Telefonate und langweilige Konferenzen können auf einmal Spaß machen, wenn du Blatt und Papier parat hast und „nebenbei" zeichnen kannst. Du wirst sehen, je öfter du florale Formen zeichnest, umso einfacher werden sie dir von der Hand gehen.

1. GEBOGENE LINIEN

Das erscheint zuerst sehr simpel, aber mit den gebogenen Linien stehen und fallen deine floralen Motive. Eine Blatt- oder Blütenader z. B. besteht aus einem glatten Bogen ohne Wellen. Schöne gleichmäßige Bogen malen zu können, gerne auch welche, die sich aneinanderschmiegen wie bei Pflanzen mit mehreren Blättern, ist das A und O.

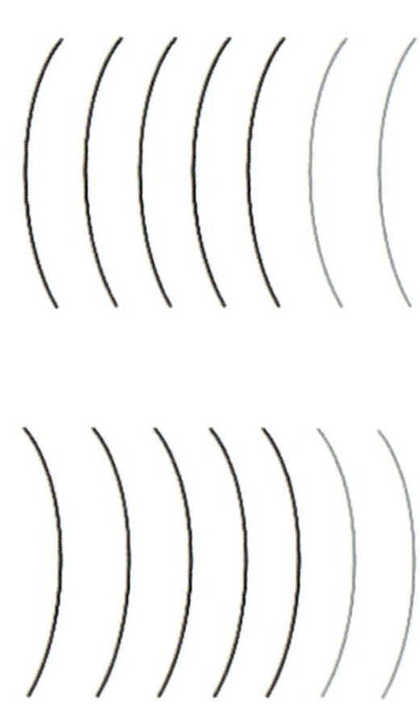

2. BLATTFORM ZEICHNEN

Florale Motive ohne Blätter sind praktisch undenkbar, denn egal ob du eine Blume oder einen Zweig malst, Blätter findest du überall. Versuch, dich bei dieser Übung nicht zu sehr auf die Standardform zu versteifen, die wir als Kinder einmal gelernt haben. Lass die Formen auch mal dicker, dünner, länger und kürzer werden. Durch solche Übungen findest du gut heraus, welche Formen dir besonders zusagen.

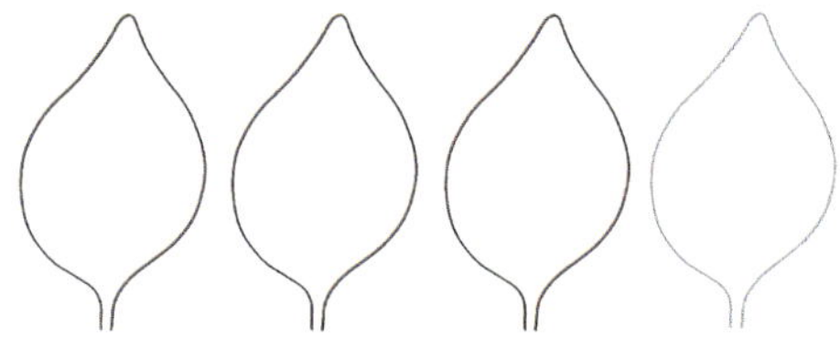

3. DIE WELLEN- ODER ZACKENFORM

Um die Ränder von Blütenblättern natürlicher erscheinen zu lassen, nutze ich gerne leicht unregelmäßige, gewellte bzw. gezackte Linien mit kleinen Einkerbungen. Diese lassen deine Blumen dynamischer wirken, wodurch deine Zeichnung insgesamt spannender wird.

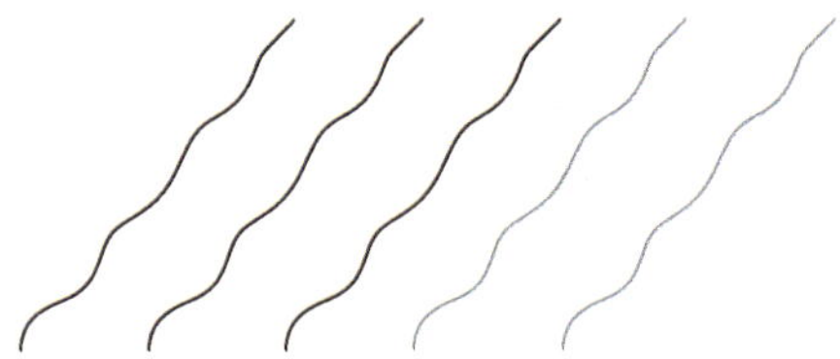

4. UNTERBROCHENE LINIEN

Für die Details in floralen Motiven, die nur mit dem Fineliner gezeichnet werden, ist es von großem Nutzen, wenn dir sehr feine, unterbrochene Linien leicht von der Hand gehen. Nimm deinen Stift und lass ihn über das Papier gleiten, sodass nur die äußerste Spitze das Blatt berührt. Automatisch werden deine Linien nicht mehr durchgehend und dick sein. Diese Übung kannst du auch in einem „Rahmen" durchführen, sodass die Linien einen festgelegten Anfangs- und Endpunkt haben, wenn du z. B. erst ein paar Blattformen zeichnest und diese anschließend mit unterbrochenen Linien füllst.

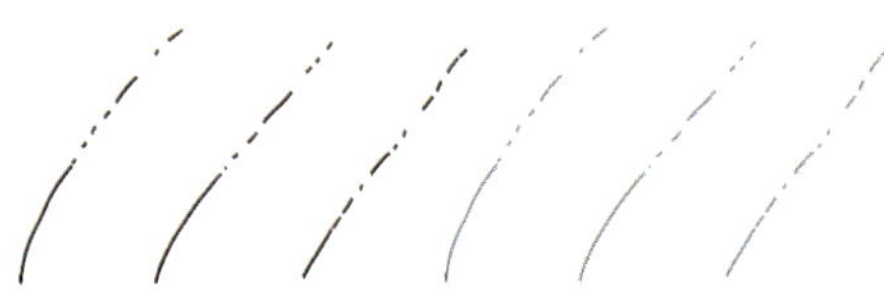

Tipp: Teste deinen verschiedenen Materialien unbedingt vor dem Malen. Jeder Fineliner wirkt auf unterschiedlichen Papieren (z. B. auf sehr glattem Bristolpapier oder rauerem Mixed Media Papier) anders. Um ungewollte Überraschungen zu vermeiden und ein Gefühl für Stifte und Papier zu bekommen, solltest du immer mindestens ein Probeblatt anlegen.

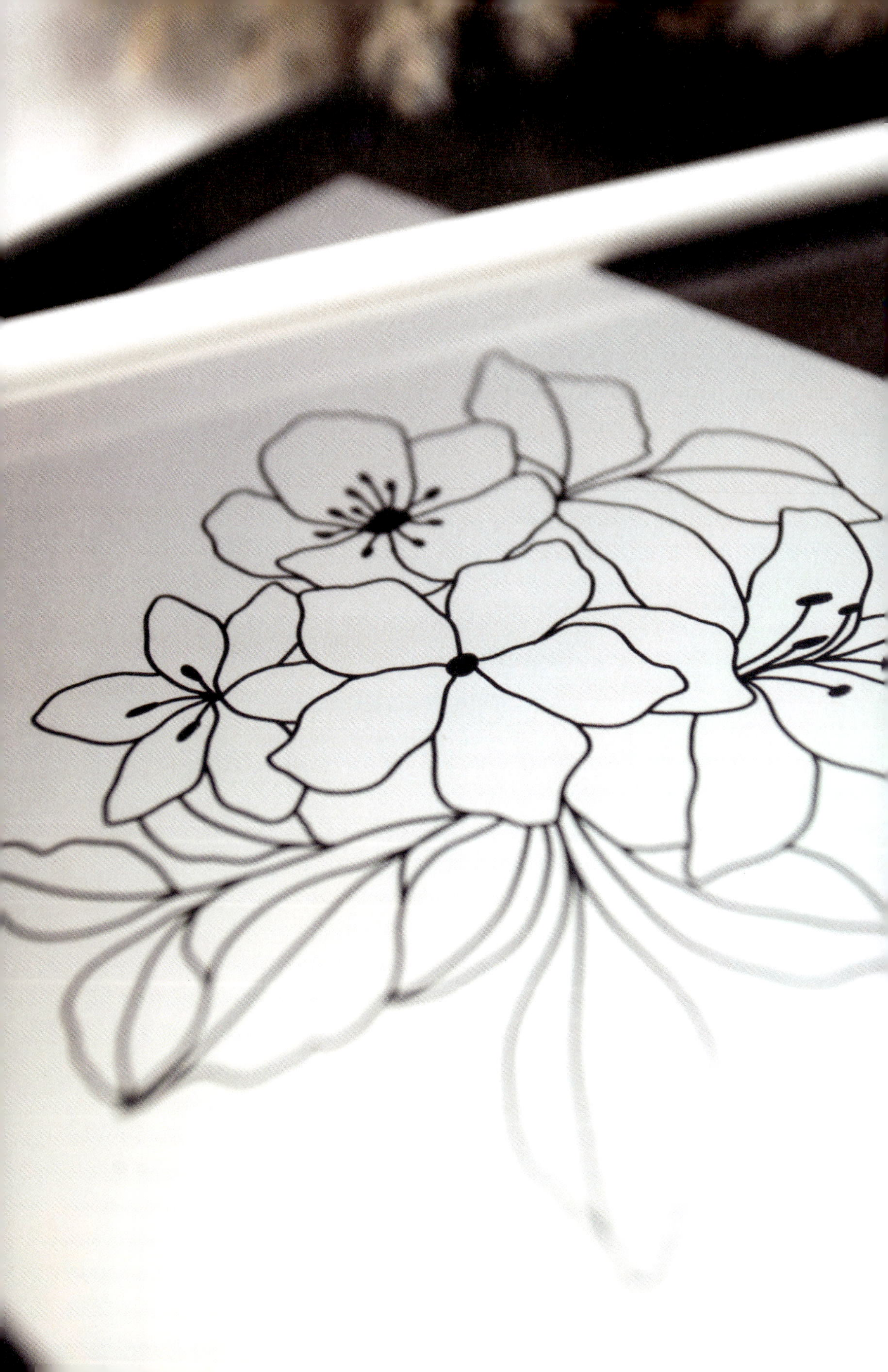

Digitales Zeichnen

Das digitale Zeichnen ist eine wunderbare Ergänzung zum Zeichnen mit Stift und Papier und eröffnet dir noch einmal ganz andere Möglichkeiten. Ich mache meine digitalen Illustrationen auf dem iPad mit dem Programm Procreate. Die darüber erstellten Illustrationen und Letterings kann man dann nämlich wunderbar als Plotterdateien nutzen, um z. B. einen Beutel mit Blumenmotiv zu gestalten.

TIPPS ZUM ERSTELLEN EINES FLORALEN MOTIVS FÜR EINE PLOTTERDATEI:

1. Nutze unterschiedliche Ebenen für deine Skizze und die spätere Reinzeichnung.

2. Für meine Vorzeichnungen nutze ich am liebsten den HB-Bleistift.

3. Für die Reinzeichnung nehme ich den Monoline-Pinsel, den findest du in der Pinselgruppe »Kalligrafie«.

4. Du solltest deine Blume möglichst simpel halten, wenn du die Datei zum Plotten verwenden möchtest. Dann wird es beim Entgittern nicht so kniffelig.

5. Achte darauf, dass die Linien nicht zu dünn werden, damit der Plotter sie gut schneiden kann.

6. Die fertige Illustration speicherst du als png-Datei. Achte dabei darauf, dass du den Hintergrund ausblendest, sodass ausschließlich dein Motiv exportiert wird.

7. Wichtig beim Plotten: Wenn du dein Motiv aufbügelst, musst du es spiegelverkehrt plotten.

8. Ich nutze am liebsten die Folie Poli-Flex Turbo von Poli-Tape. Es gibt die Folie in einer großen Auswahl an Farben, und die Qualität der Folien hat mich überzeugt.

9. Danach brauchst du dein Motiv nur noch zu entgittern und aufzubügeln, und fertig ist dein neuer, floraler Einkaufsbegleiter.

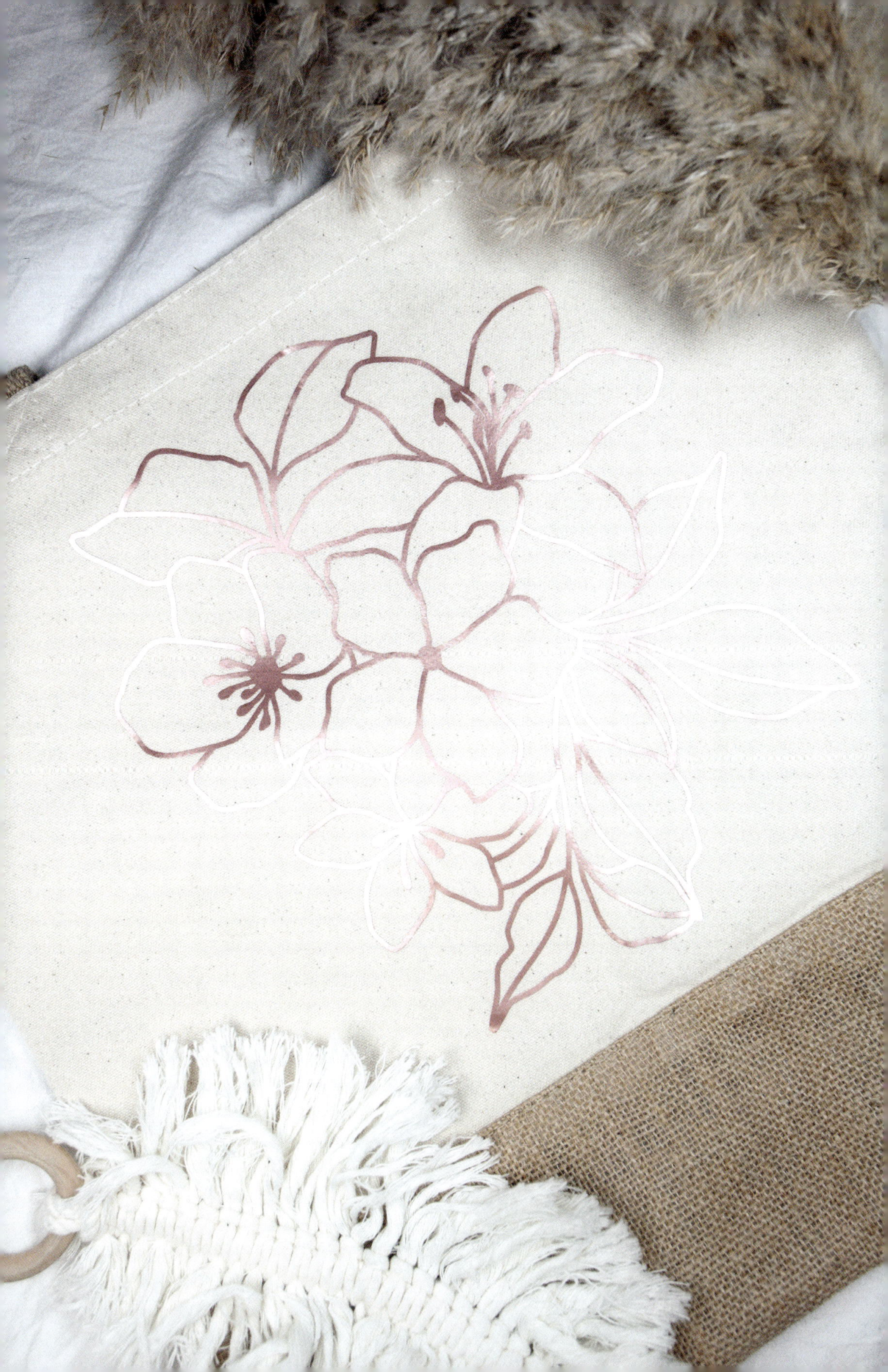

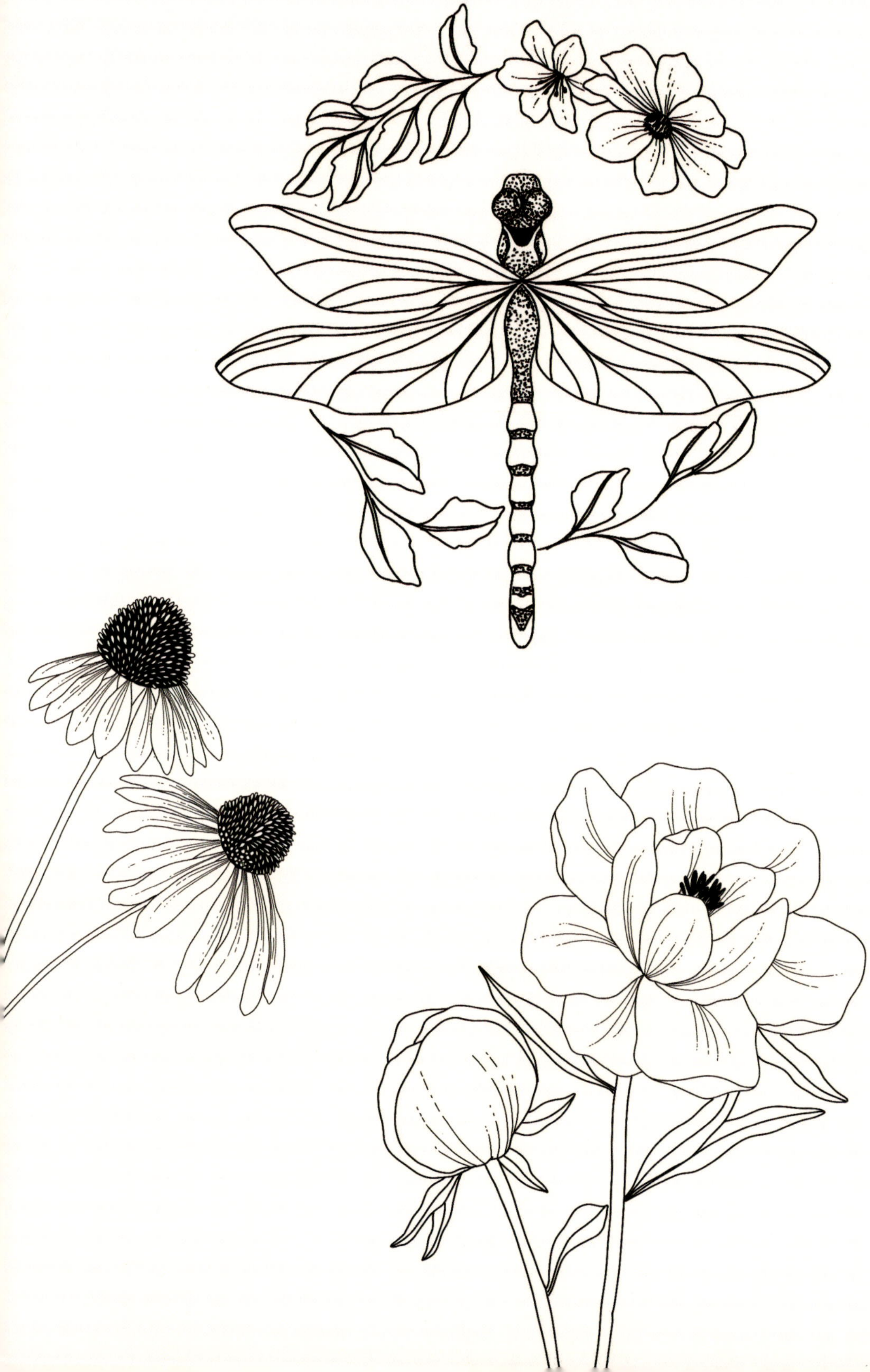

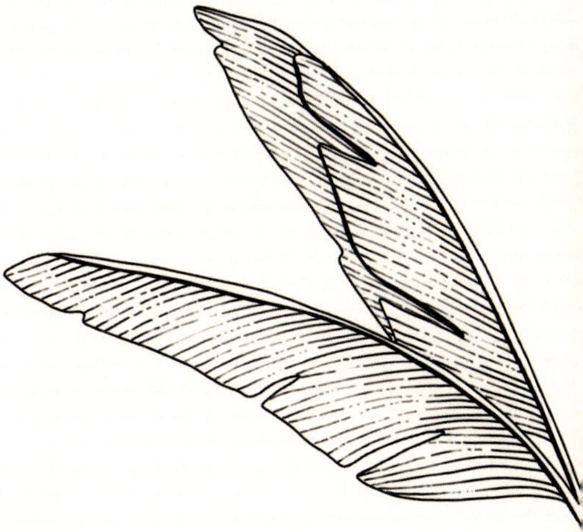

Projekte

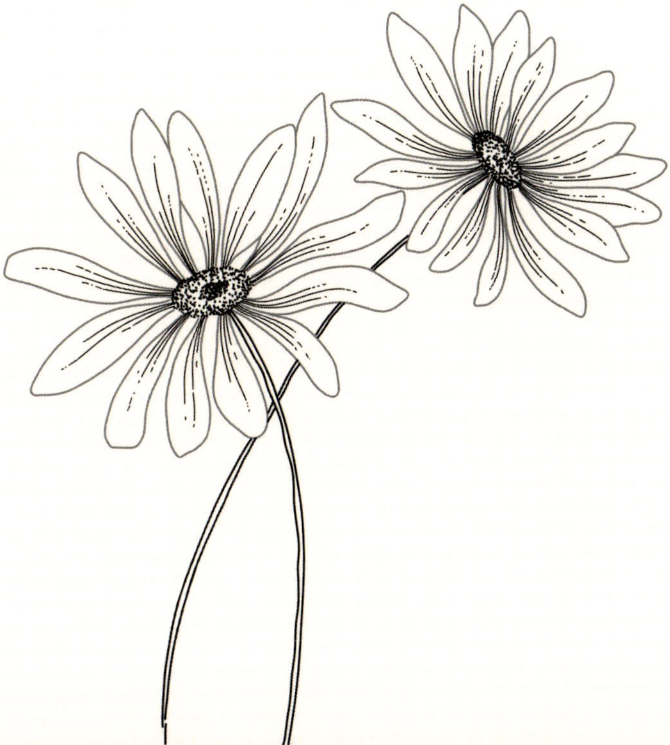

Tausendschön

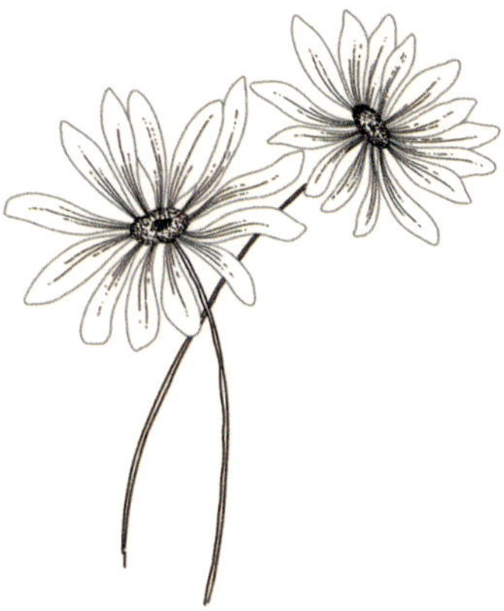

Selbst Menschen, die mit Blumen nichts oder fast nichts zu tun haben, kennen Gänseblümchen oder Tausendschön. Sie gehören zu den bekanntesten Blumenarten Europas und sind nahezu auf jeder Wiese zu finden. In der Sprache der Blumen steht das kleine Blümchen für Natürlichkeit, das Gute und unverfälschtes Glück. Alles Attribute, die wir auch mit kleinen Kindern verbinden. Vielleicht ist es gar kein Zufall, dass kleine Kinder besonders gerne Gänseblümchensträuße pflücken.

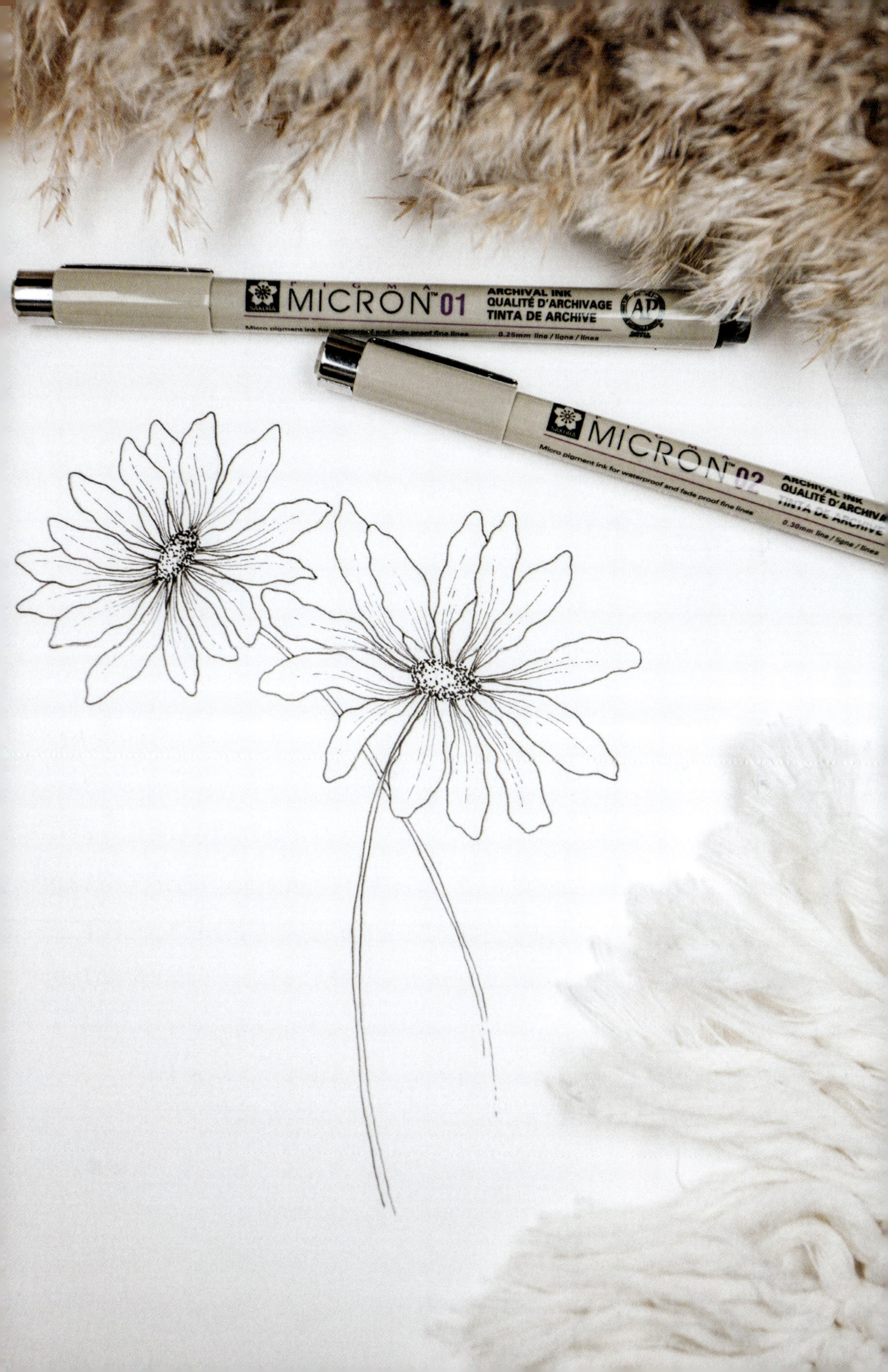
MICRON 01
ARCHIVAL INK
QUALITÉ D'ARCHIVAGE
TINTA DE ARCHIVE
MICRON 02
ARCHIVAL INK
QUALITÉ D'ARCHIVA
TINTA DE ARCHIVE

Schwierigkeitsgrad

◆◇◇

Materialien

- Druckbleistift HB
- Radiergummi
- Fineliner 03
- Fineliner 01

1. Mit dem Bleistift legst du als Erstes die Positionen der beiden Blüten auf deinem Blatt fest. Zeichne dafür jeweils eine kreisförmige Linie. Die Spitzen der Blütenblätter stoßen später an diese Linien, sodass sie die äußeren Begrenzungen der Blüten markieren. Neige die erste Form etwas nach links und positioniere eine zweite, etwas größere und ebenfalls leicht ovale Form ein Stück unter der ersten. Diese Blüte hat eine leichte Neigung nach rechts.
Anschließend markierst du die Blütenstempel jeweils durch eine kleine Ellipse. Von den Blütenstempeln aus zeichnest du jeweils einen Pfeil, der senkrecht auf der Blütenmitte „steht".

1.

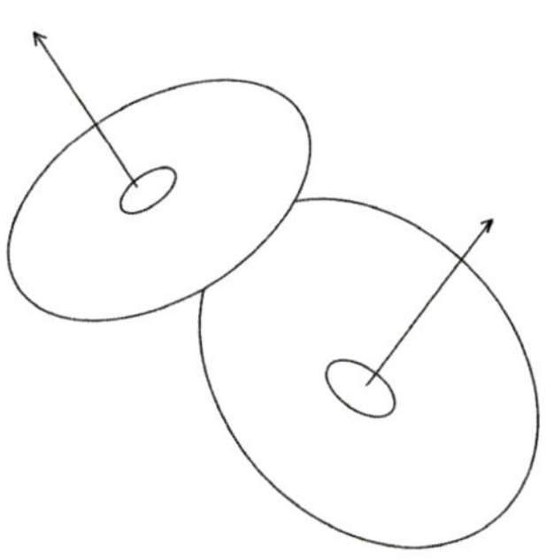

2. Zeichne nun an der oberen Blüte circa vierzehn und an der unteren circa zwölf gebogene Linien, die die Mittellinien der Blütenblätter markieren. Die Abstände zwischen den einzelnen Linien können bei beiden Blüten variieren.

2.

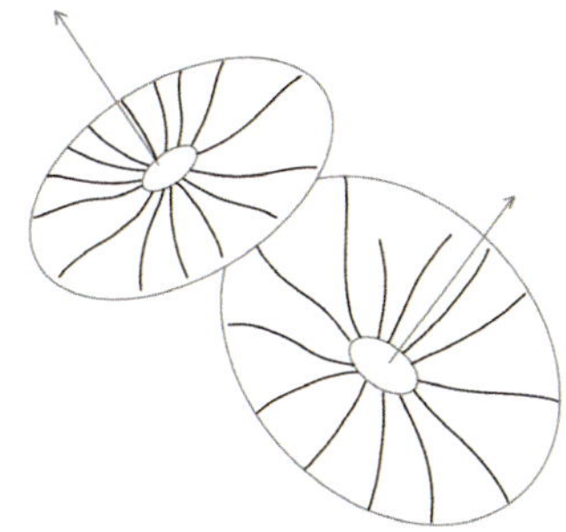

3. Die Blütenblätter sind länglich, schmal, leicht gebogen oder haben eine Wellenform. Lass sie am Ende in unterschiedlich spitzer Form auslaufen. Die Blütenblätter dürfen sich sowohl überlappen als auch an anderer Stelle im Kontrast dazu in einigem Abstand zueinanderstehen. Ein etwas „wildes“ Aussehen macht deine Blüten lebendig.

3.

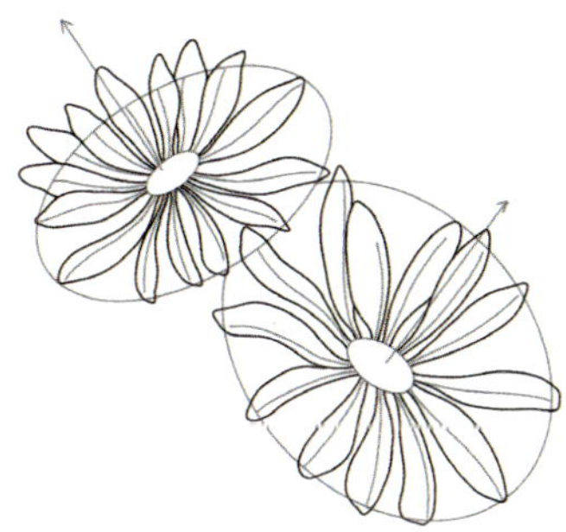

4. Anschließend zeichnest du die Stiele der beiden Blumen. Da die obere Blüte leicht nach links geneigt ist, sollte auch ihr Stiel etwas nach links zeigen. An der anderen Blüte zeigt der Stiel leicht nach rechts, sodass sich die beiden Stiele überschneiden. Überleg dir also, welcher Stiel oben liegen und durchgehende Linien haben soll und welcher Stiel darunterliegt und unterbrochen wird. Zieh für die Stiele jeweils zuerst eine Linie von der Blütenmitte aus nach unten und setz dann eine zweite mit wenig Abstand daneben.

5. Nun kannst du mit dem dicken Fineliner alle Konturen nachzeichnen. Lass die Farbe gut trocknen, bevor du deine Vorzeichnung wegradierst. Abschließend setzt du mit dem dünneren Fineliner zwei bis drei unterschiedlich lange und unterbrochene Linien in jedes Blütenblatt. Den Blütenstempel füllst du mit Dotart. Dafür verwendest du den dickeren Fineliner.

5.

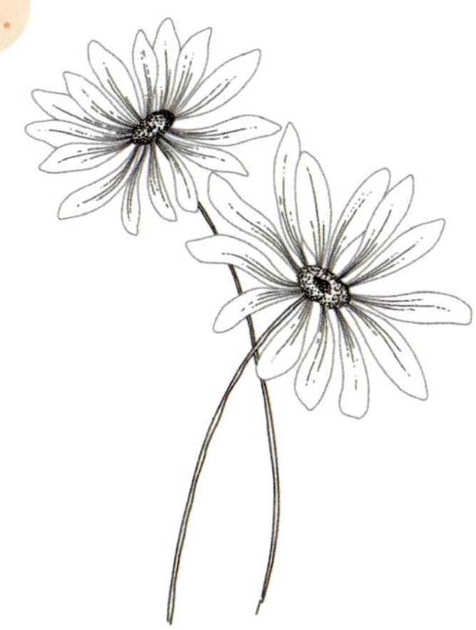

Sonnen-hut

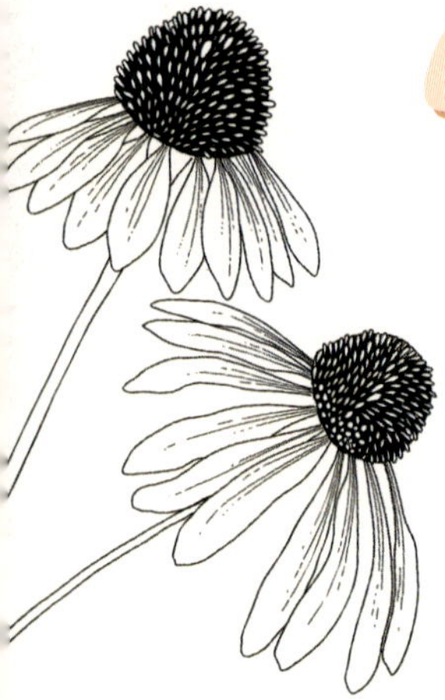

Der Sonnenhut, auch Echinacea genannt, gehört zur Gattung der Korbblütler. Es gibt ihn in vielen bunten Farben und auch unter dem wunderbaren Namen »Igelkopf«, auf den wir beim Zeichnen gut auch selbst hätten kommen können. Außerdem sieht er nicht nur gut aus, sondern einige Arten können wohl sogar beim Kampf gegen Viren, Bakterien und Pilze helfen.

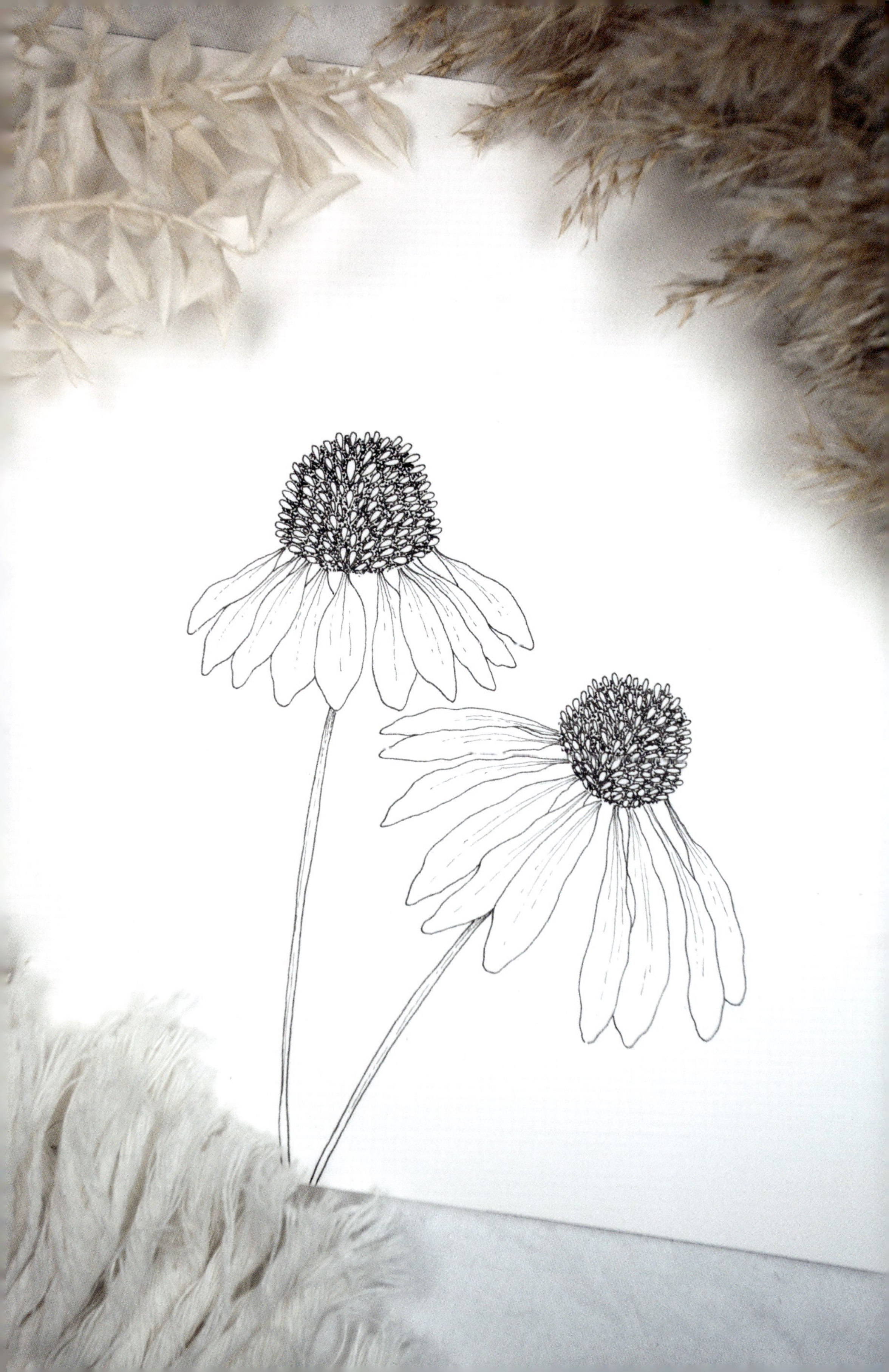

Schwierigkeitsgrad

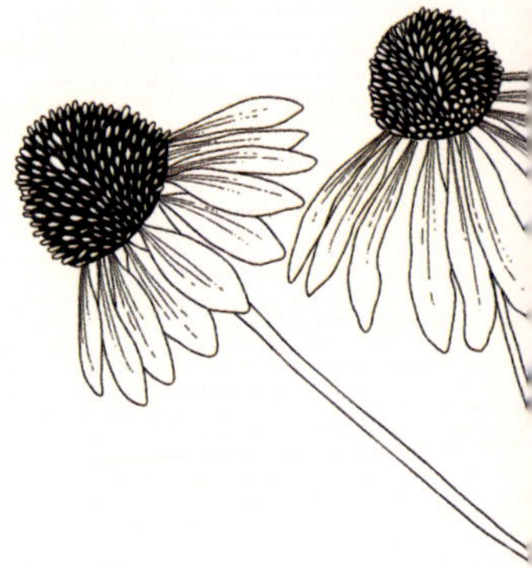

Materialien

- Druckbleistift HB
- Radiergummi
- Fineliner 03
- Fineliner 01

1. Skizziere zuerst den Grundaufbau der beiden Blüten mit dem Bleistift. Die erste Blüte wird in der Frontalansicht gezeichnet, und die zweite sieht man von schräg oben. Zeichne für die Blüte in Frontalansicht einen oben abgerundeten Kegel, der den Blütenstempel darstellt, und darunter einen Viertelkreis, der die Größe der Blütenblätter markiert. Die Enden des Viertelkreises werden jeweils mit den Eckpunkten des Kegels verbunden.

Der Blütenstempel der seitlichen Blüte zeigt nach rechts oben. Male hier einen etwas kleineren, oben abgerundeten Kegel als bei der ersten Blüte.

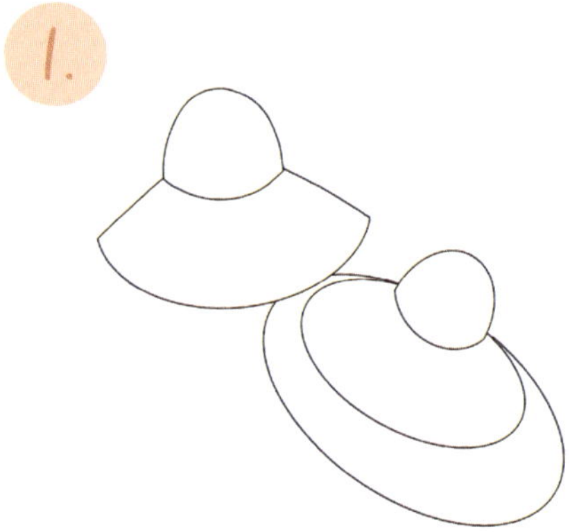

Setze nun eine leicht ovale Form an die Basis des Kegels, um das äußere Ende der Blütenblätter zu markieren. Der Kreis überschneidet sich am oberen Rand leicht mit der ersten Blüte. Eine zweite, etwas kleinere ovale Form markiert den Abstand zum Blütenstempel, an dem sich die Blätter später nach unten biegen. Sie startet und endet am gleichen Punkt wie die erste ovale Linie, sodass der Abstand zwischen beiden Formen unten etwas größer ist als oben.

2. Gebogene Hilfslinien zeigen die Mittellinien und damit die Position der Blütenblätter an. Zeichne an der oberen Blüte ca. zehn Linien und lass dazwischen keine zu großen Abstände, da die Blütenblätter bei dieser Blume dicht beieinanderliegen. An der anderen Blüte verteilst du neun Linien, die an der ovalen, mittleren Hilfslinie ein wenig abknicken. Hier sind die Abstände – besonders in der vorderen Mitte – etwas größer, dadurch wirkt die Blume später luftiger, und die Perspektive wird klarer.

2.

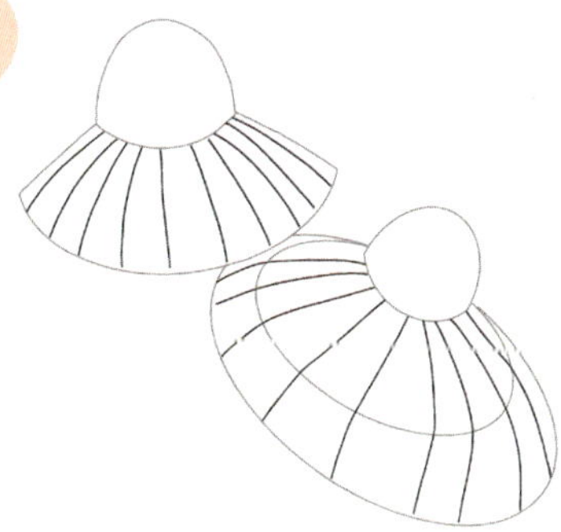

3. Nachdem du nun weißt, wo deine Blütenblätter sein sollen, kannst du damit beginnen, ihre Form zu zeichnen. Die Blütenblätter der oberen Blüte haben eine längliche, eher gleichmäßige Blattform, die nach unten spitz ausläuft. Sie liegen dicht beieinander, wodurch sie sich teilweise überlappen. Zeichne die Blütenblätter am besten nicht von rechts nach links, sondern setze als Erstes drei oder vier, die im Vordergrund sein sollen, und zeichne dann die restlichen Blätter dahinter. Bei der seitlichen Blüte ist die Form der Blütenblätter etwas länglicher und ungleichmäßiger, außerdem gibt es zwischen den Blättern deutlich erkennbare Freiräume.

3.

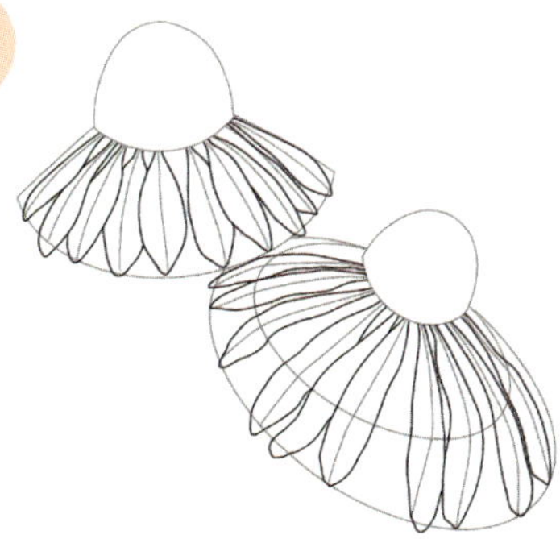

Wenn du möchtest, können sich einige der Blütenblätter aber trotzdem überlappen.

4. Für diesen Schritt wechselst du zum Fineliner und beginnst, die Blütenstempel zu malen. Dafür zeichnest du kleine Tropfen innerhalb des Kegels, deren Ausrichtung sich an der oberen Rundung orientiert. Die Tropfen müssen nicht alle gleich groß sein, wichtig ist nur, dass sie dicht beieinanderliegen, damit keine zu großen Zwischenräume entstehen. Die Räume zwischen den Tropfen kannst du nun mit deinem Fineliner flächig ausfüllen oder mithilfe von Dotart. Wenn dein Blütenstempel fertig ist, kannst du mit dem gleichen Fineliner die Konturen der Blütenblätter nachzeichnen.

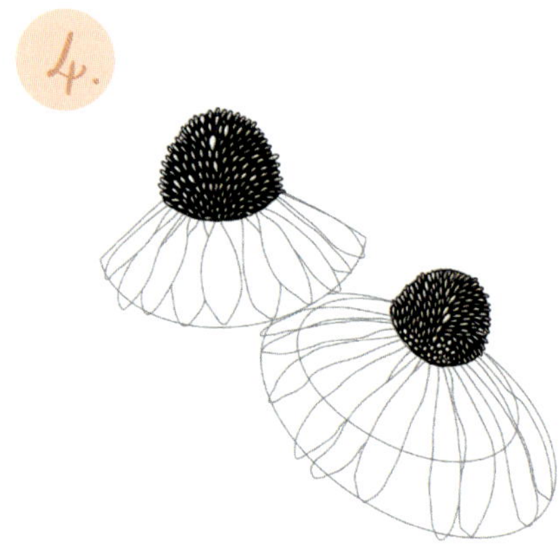

5. Jetzt fehlen nur noch die Stiele und die Details in den Blütenblättern. Für die Stiele zeichnest du mit dem Bleistift von der Mitte des Blütenstempels eine Hilfslinie nach unten. Lass den Stiel der seitlichen Blüte ein bisschen im Bogen verlaufen, damit es natürlich aussieht. Dann zeichnest du mit dem dickeren Fineliner rechts und links neben die Hilfslinien jeweils die Außenkonturen der Stiele. Die Details der Blütenblätter zeichnest du mit dem dünneren Fineliner. Halte den Stift schön locker in der Hand und setze zwei bis drei Linien pro Blütenblatt, die sich der Form des Blattes anpassen und auf unterschiedlichen Höhen enden. Fertig ist der Sonnenhut.

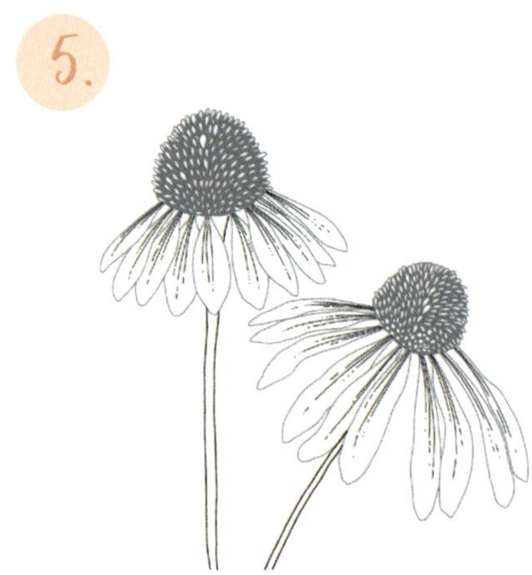

Anemone

Anemonen sind ein Symbol für Erwartung und Hoffnung. Sie erfreuen uns im Herbst mit ihren einzigartigen Farben.

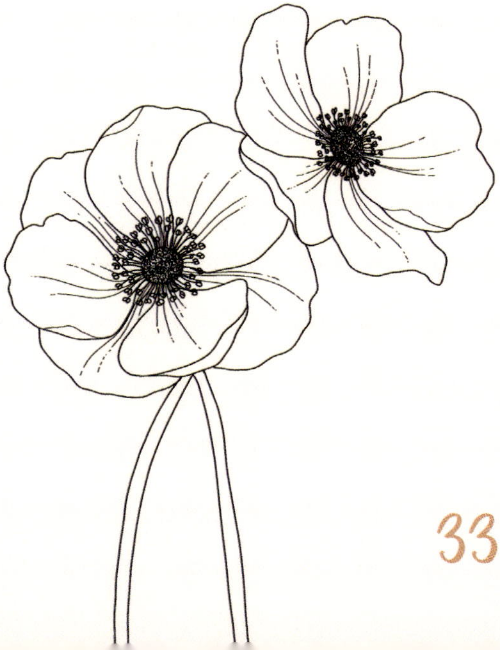

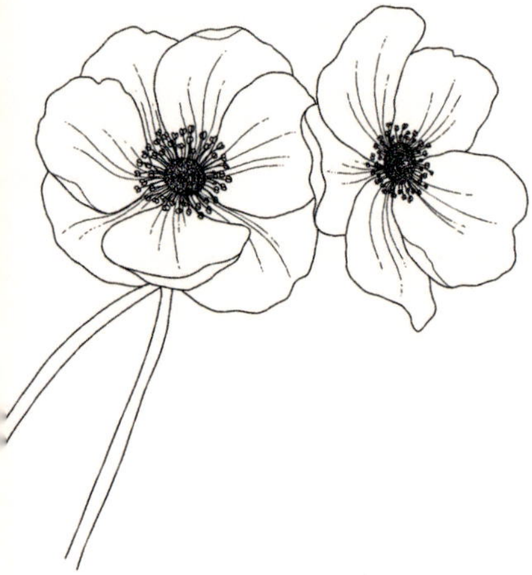

Schwierigkeitsgrad

◆◇◇

Materialien

- Druckbleistift HB
- Radiergummi
- Fineliner 03
- Fineliner 01

1. Mit dem Bleistift legst du als Erstes die Positionen der beiden Blüten auf deinem Blatt fest. Zeichne dafür jeweils eine kreisförmige Linie. Soll deine Blüte von oben zu sehen sein, ist die Linie fast ein richtiger Kreis. Je mehr du die Blüte von der Seite zeigen möchtest, umso ovaler wird die Blütenform. Die Spitzen der Blütenblätter stoßen später an diese Linien, sodass sie die äußeren Begrenzungen der Blüten markieren. Die Formen überschneiden sich, sodass eine Blüte über der anderen liegt.

Anschließend markierst du die Blütenstempel jeweils durch einen kleinen Kreis in der Blütenmitte. Von den Blütenstempeln aus zeichnest du jeweils einen Pfeil, der senkrecht auf der Blütenmitte „steht".

1.

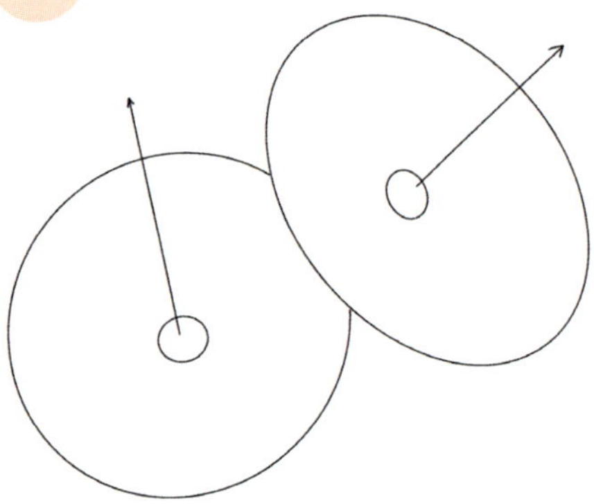

2. Zeichne nun an der ovaleren Blüte fünf und an der fast kreisförmigen Blüte vier gebogene Linien, um die Mittellinien der Blütenblätter zu markieren.

3. Jetzt fängst du an, die Blütenblätter auszuarbeiten. Diese sind an der Blattbasis sehr schmal und weiten sich dann nach außen zu einem großflächigen Blütenblatt aus. Bei der rechten, seitlich dargestellten Blüte werden die vorderen Blütenblätter deutlich kürzer als die seitlichen und hinteren Blütenblätter gezeichnet. Sieht man die Blüte von oben, wie bei der linken Blüte, sehen die Blätter relativ gleich lang aus. Sollte der Abstand zwischen den Blütenblättern zu groß sein, kannst du die Zwischenräume im nächsten Schritt mit weiteren Blättern füllen. Jeweils am vorderen Blatt der Blüten kannst du ein Stück der Linie verdoppeln, sodass die Unterseite vom Blatt sichtbar wird. Dadurch wirken deine Blüten insgesamt dynamischer.

4. Falls dir die Lücken zwischen den Blütenblättern zu groß erscheinen, kannst du diese mit weiteren Blütenblättern füllen, von denen dann nur die Blattspitzen zu sehen sind, da die Blattbasen jeweils von den anderen Blättern verdeckt werden.

5. Wenn dir die Blütenblätter in Form und Anzahl gefallen, zeichnest du mit dem Fineliner 03 die Blattkonturen nach. Achte darauf, dass die Linien der Blütenblätter durch die darüberliegenden unterbrochen werden. Sind alle Outlines gezogen und die Farbe trocken, kannst du deine Hilfslinien wegradieren.

2.

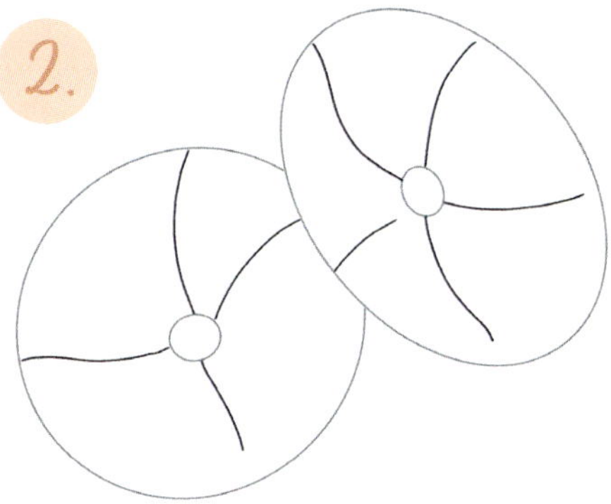

3.

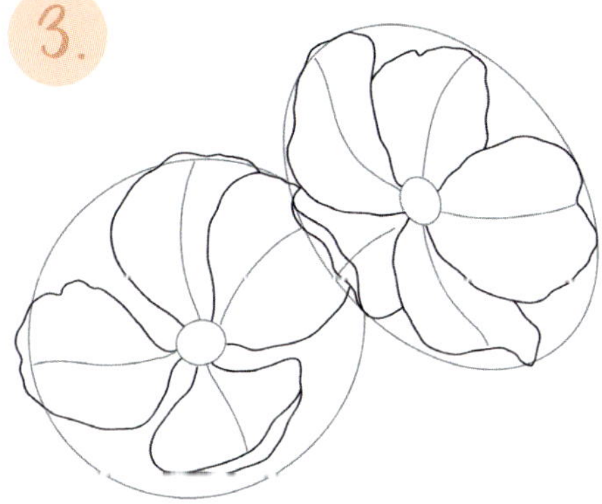

4.

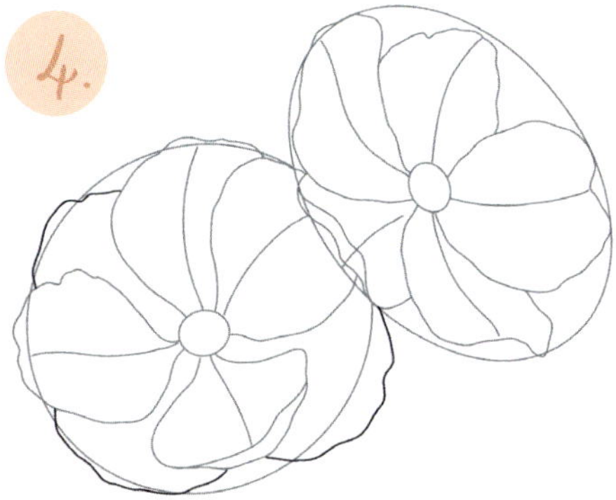

6. Danach ist der Blütenstempel an der Reihe. Zuerst füllst du den kleinen Kreis mit Dotart. und zeichnest um den Kreis Ovale in unterschiedlichen Abständen zum kleinen Kreis, damit es weniger konstruiert wirkt. Diese verbindest anschließend mit gebogenen Strichen zum kleinen Kreis hin. Anschließend zeichnest du die Staubblätter, die du in unterschiedlichen Abständen kreisförmig um die Blütenmitte anordnest. Für jedes Staubblatt zeichnest du zwei kleine, nebeneinanderliegende Ovale. Zum Schluss ziehst du von jedem Ovalpaar eine gebogene Linie zum Rand der Blütenmitte.

6.

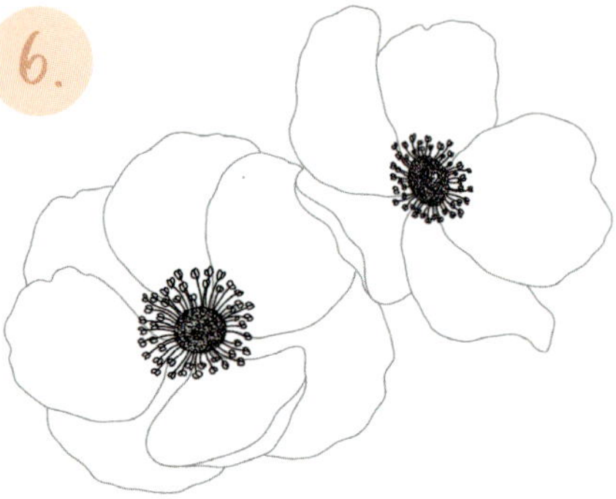

7. Jetzt fügst du noch einige Details mit dem dünneren Fineliner hinzu. Zeichne drei bis vier Linien pro Blütenblatt, die auf unterschiedlichen Höhen enden. Die Linien verlaufen immer in der Form des Blütenblatts. Rufe dir dazu noch einmal deine gebogenen Linien in den Blattmitten vom Anfang ins Gedächtnis und zeichne die Linien im gleichen Bogen leicht sternförmig dazu.

7.

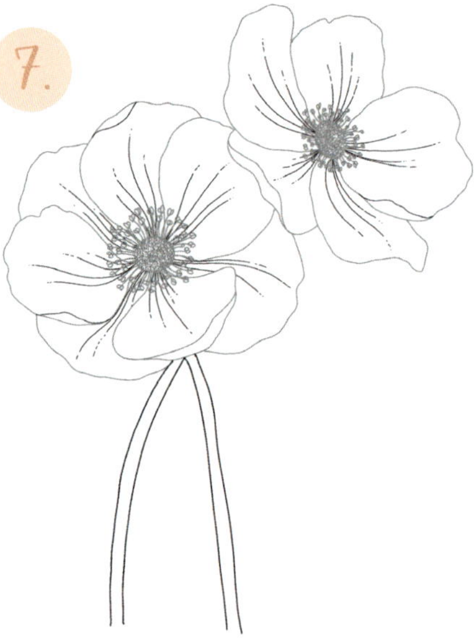

8. Zum Schluss setzt du für die Stiele zwei gebogene Linie an die Blüten. Solltest du dir unsicher sein, wie die Stiele verlaufen sollen, kannst du dir mit dem Bleistift Hilfslinien zeichnen, die jeweils in den Blütenmitten beginnen. Wenn dir die Form der Stiele gefällt, nimmst du wieder den Fineliner, mit dem du auch die Outlines gezogen hast, und zeichnest links und rechts von deiner Hilfslinie jeweils eine gebogene Linie. Dann lässt du alles nochmal trocknen, radierst die Hilfslinien weg, und fertig ist deine Anemone.

8.

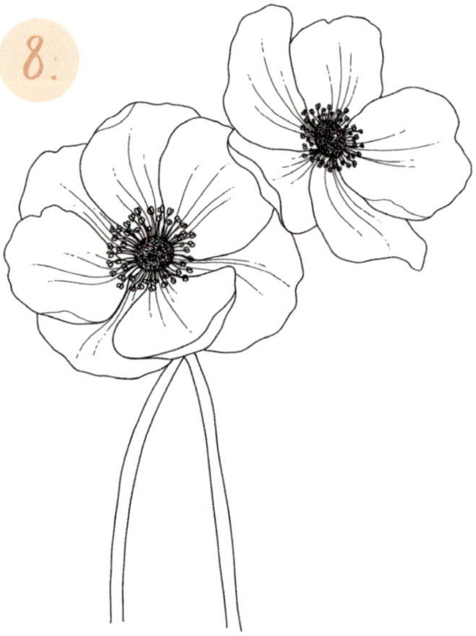

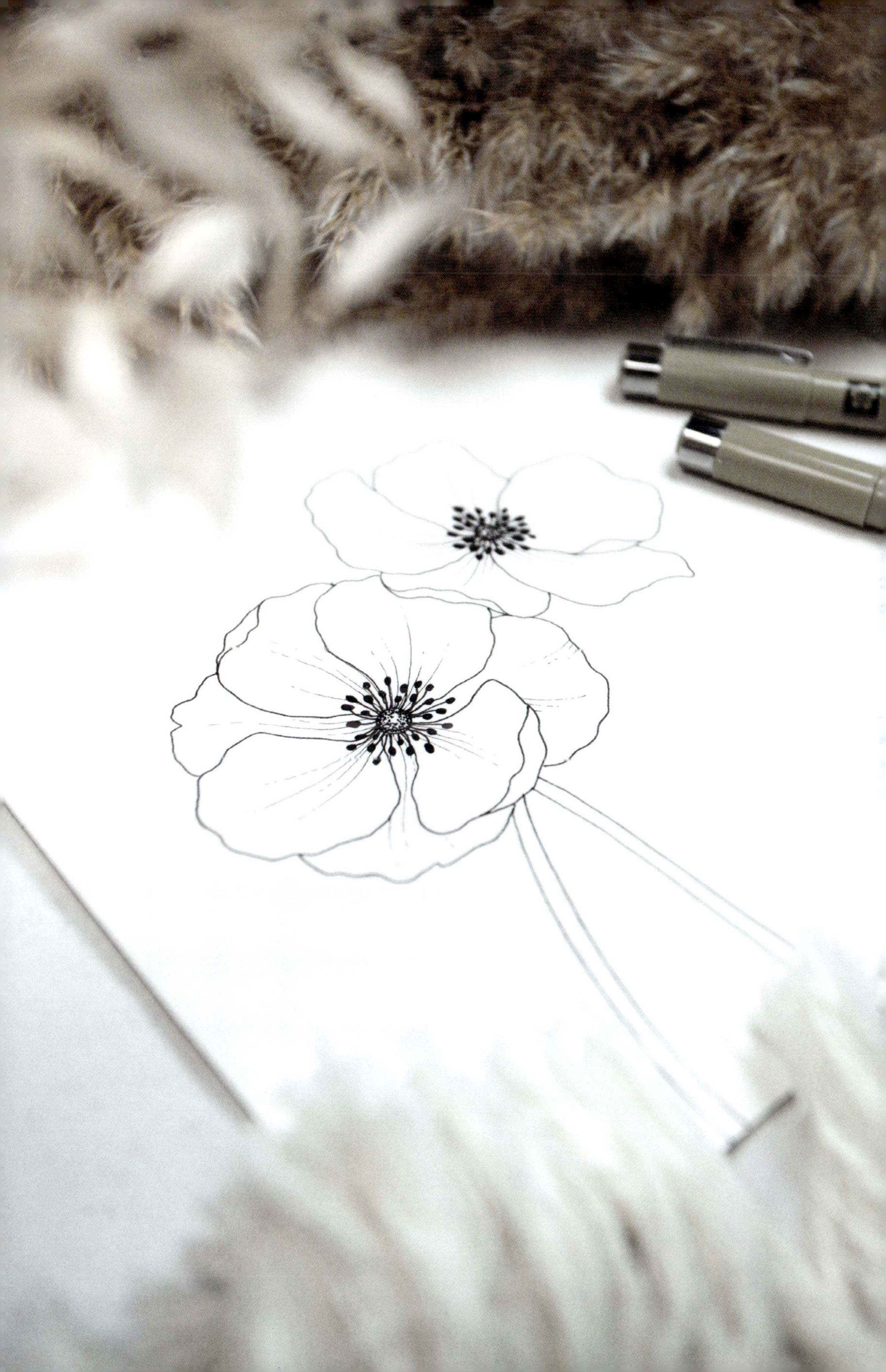

Lilie

Die Lilie hat eine sehr ausdrucksstarke Form, und im Laufe der Zeit sind ihr ganz verschiedene Bedeutungen zugeschrieben worden. So steht eine orangefarbene Lilie beispielsweise für Selbstvertrauen und Energie, wohingegen gelbe Lilien Dankbarkeit und Freundschaft symbolisieren. In Illustrationen kann man die Lilie sehr gut mit einfachen, kleineren Blüten kombinieren.

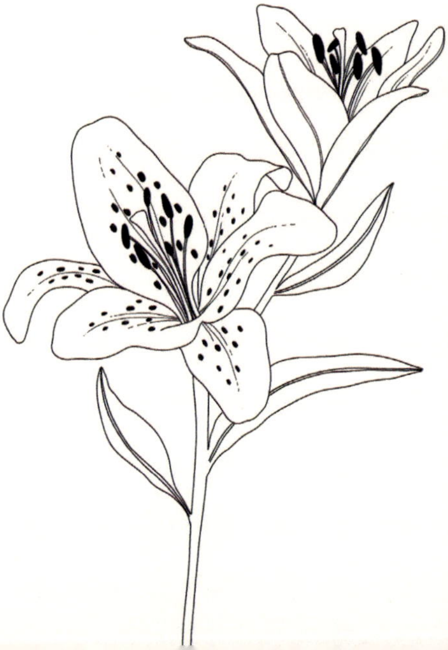

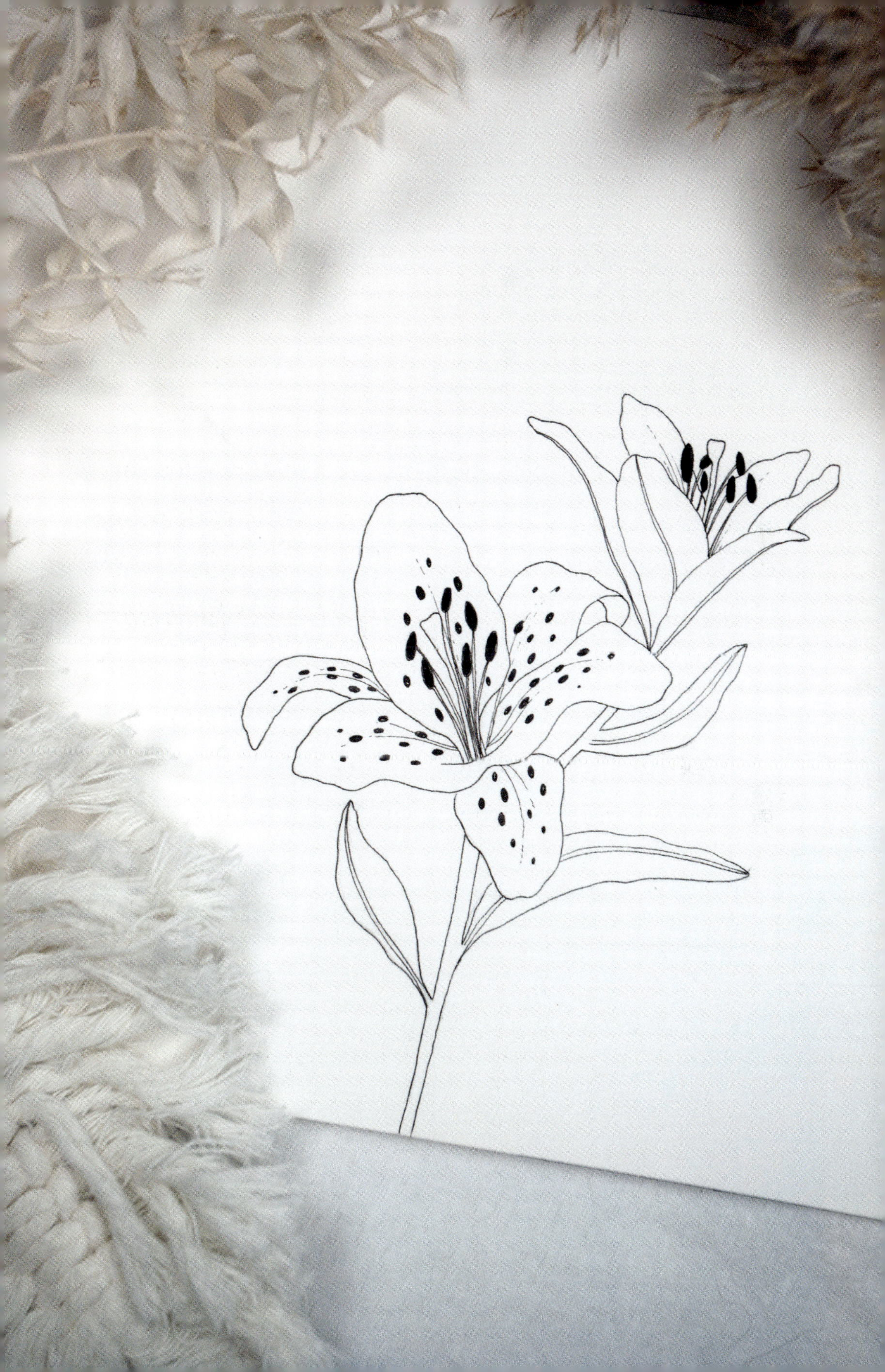

Schwierigkeitsgrad

Materialien

- Druckbleistift HB
- Radiergummi
- Fineliner 03
- Fineliner 01

1. Du fängst wieder mit dem Bleistift an. Markiere zuerst mit jeweils einem kleinen Kreuz die Mittelpunkte der Blüten und die Ausgangspunkte der Blütenstempel. Zeichne dann kleine Pfeile, die die Ausrichtung deiner Blüten anzeigen. Die Pfeile sollten in unterschiedliche Richtungen zeigen, damit dein fertiges Bild später nicht zu starr wirkt. Von den Kreuzen aus ziehst du nun jeweils drei gebogene Linien. Diese Linien sind die Mittellinien der Blütenblätter.

1.

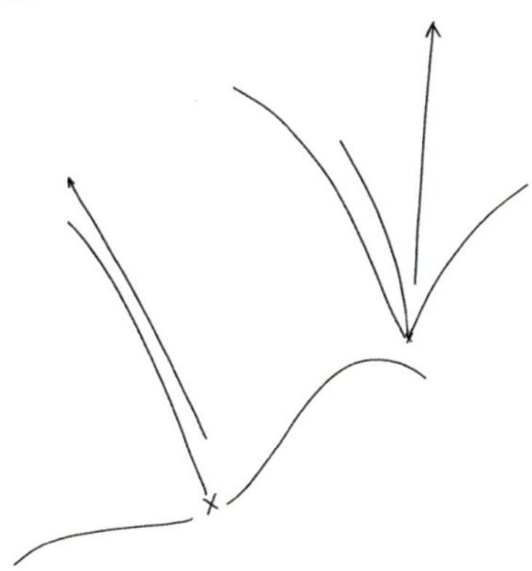

2. Die vordere Blüte soll in diesem Beispiel weiter geöffnet sein als die hintere. Für die offenere Blüte zeichnest du das hintere

Blütenblatt am größten und aufrecht, die beiden seitlichen Blütenblätter im Verhältnis dazu etwas schmaler. Die Linienenden der seitlichen Blätter treffen sich nach einem Bogen etwas unterhalb des Kreuzes. Bei der weiter geschlossenen, hinteren Blüte zeichnest du in der Mitte ein breites Blütenblatt. Links und rechts setzt du zwei wesentlich schmalere daneben, die spitzer zulaufen, da man sie von der Seite sieht.

2.

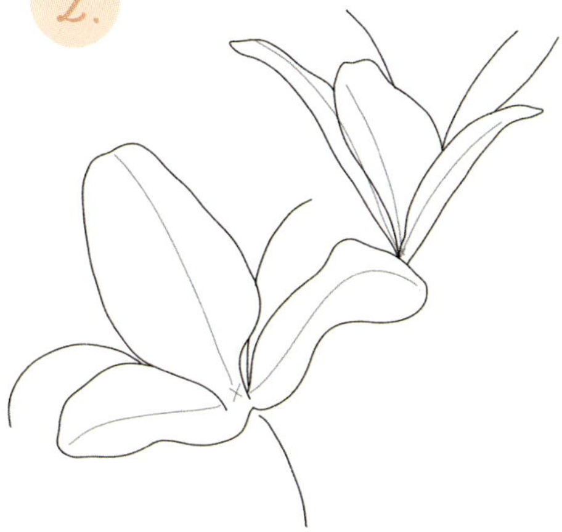

Für die weiteren Blütenblätter setzt du noch mehr gebogene Linien an. Bei der offeneren Blüte zeichnest du jeweils eine links und eine rechts von dem hinteren Blütenblatt und eine von einem Punkt etwas unterhalb des Kreuzes nach vorne. An der nicht so weit geöffneten Blüte ergänzt du drei Linien hinter den bereits gezeichneten Blättern.

3. Die meisten Blütenblätter, die du gerade mit den Linien markiert hast, sind nicht vollständig zu sehen, da sie von den anderen Blütenblättern verdeckt werden. Zeichne die seitlichen beiden Blütenblätter der vorderen Blüte schmaler und zur Seite gebogen. Du kannst das hintere Blatt oben mit einer fast waagerechten Wellenline beenden und mit einem kleinen Bogen, den du an der Seite der Wellenlinie ansetzt, ein Stück der Blattunterseite sichtbar machen.

3.

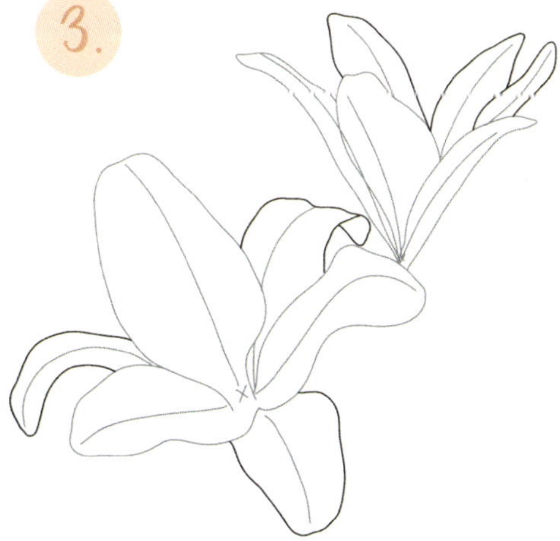

An der geschlosseneren Blüte haben die zusätzlichen Blätter in etwa die gleiche Größe und Form wie die bereits gezeichneten. Nur das Blatt, das an der vorderen Blüte nach vorne zeigt, ist vollständig zu sehen. Es wird aber deutlich kürzer gezeichnet als die anderen Blätter.

4. Zeichne an der vorderen Blüte eine kurze Linie, mit der du die beiden seitlichen Blütenblätter verbindest und das große Blatt unten begrenzt. Für die Staubblätter zeichnest du fünf bis sechs kleine Ovale und verbindest sie anschließend mit Doppellinien, die in Richtung der Kreuze laufen, mit der Blütenmitte. Lass die Linien nicht zu gradlinig verlaufen und nimm die Neigung deiner Blüten bei der Ausrichtung der Linien wieder auf. Die Staubblätter und Stempel sind nicht ganz zu sehen, da sie teilweise von den vorderen Blütenblättern verdeckt werden. Diese Abschnitte kannst du entweder später einfach wegradieren, oder du lässt die Doppellinien an den bereits gezeichneten Blütenblättern und der kleinen Verbindungslinie zwischen den seitlichen Blütenblättern enden. Die Blütenstempel beginnen jeweils mit einer Doppellinie in der Blütenmitte. Dann gehen die Linien nach oben immer weiter auseinander und werden am oberen Ende mit einer gewellten Linie verbunden, sodass die Narbe angedeutet wird.

Ausgehend von den Mittelpunkten deiner Blüten, zeichnest du mit sanftem Schwung etwas breitere Stiele. Lilien haben schwere Blütenköpfe und entsprechend einen Stiel, der relativ dick ist. Ein Stiel trägt mehrere Blüten, daher kannst du den Stiel der hinteren Blüte zum Stiel der vorderen Blüte auslaufen lassen. Anschließend setzt du längliche, schmale Blätter an die Stiele, die in ihrer Größe variieren können.

4.

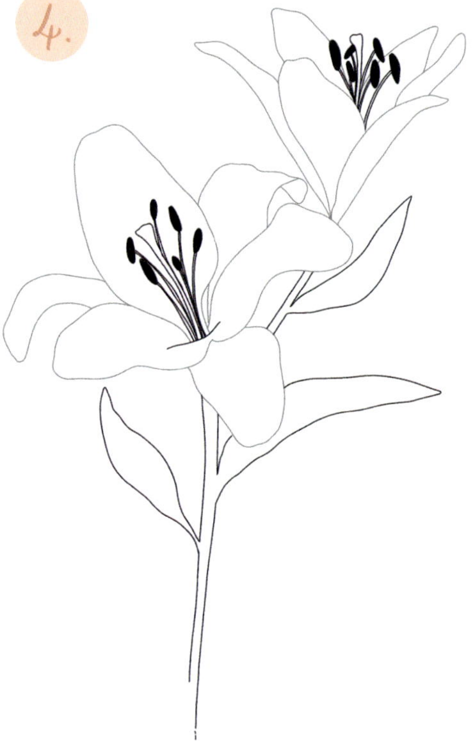

5. Wenn du mit deiner Skizze zufrieden bist, zeichnest du die Konturen mit dem breiten Fineliner nach. Achte darauf, dass einige Elemente deiner Blumen sich überschneiden und die Linien der hinten liegenden Blätter nicht überall sichtbar sind. Lass die Farbe gut trocknen und radiere dann deine Bleistiftlinien weg.

6.

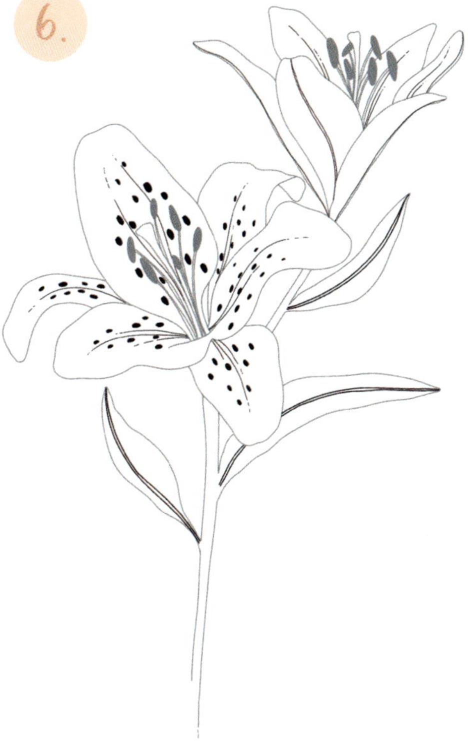

6. Zum Schluss zeichnest du mit dem dünneren Fineliner noch ein paar Details. An der vorderen Blüte ziehst du pro Blütenblatt zwei bis drei feine Linien, die gerne unterbrochen sein dürfen, und setzt kleine, ovale Punkte auf die Innenseite der Blütenblätter. Diese bilden einen schönen Hingucker in Blumenkompositionen. Bei der hinteren Blüte unterscheidest du zwischen den Blütenblättern, die man von innen sieht, und denen, die man von außen sieht. Die Blütenblätter im Vordergrund sieht man von außen, also sieht man die Blattunterseite. Dort zeichnest du nur die Hauptader ein, indem du zwei Linien entlang der Blattmitte dicht nebeneinandersetzt. Von den hinteren Blättern sieht man die Oberseite, dort kannst du wieder zwei bis drei unterbrochene, feine Linien in unterschiedlichen Längen zeichnen.

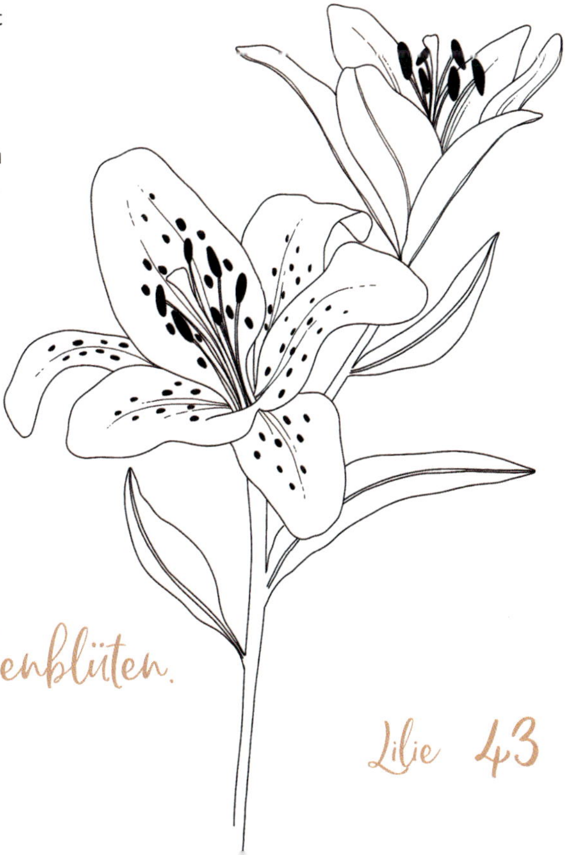

Fertig sind deine Lilienblüten.

Apfel-blüte

Apfelblüten sind ein großartiges Kontrastprogramm zu den anderen Blumen und daher eine perfekte Ergänzung in Blumenkompositionen.

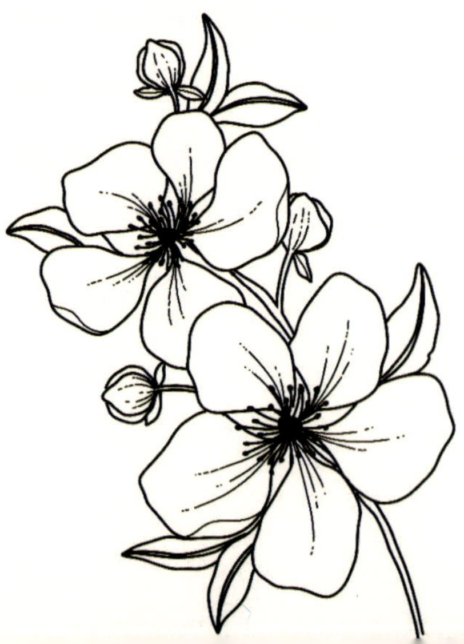

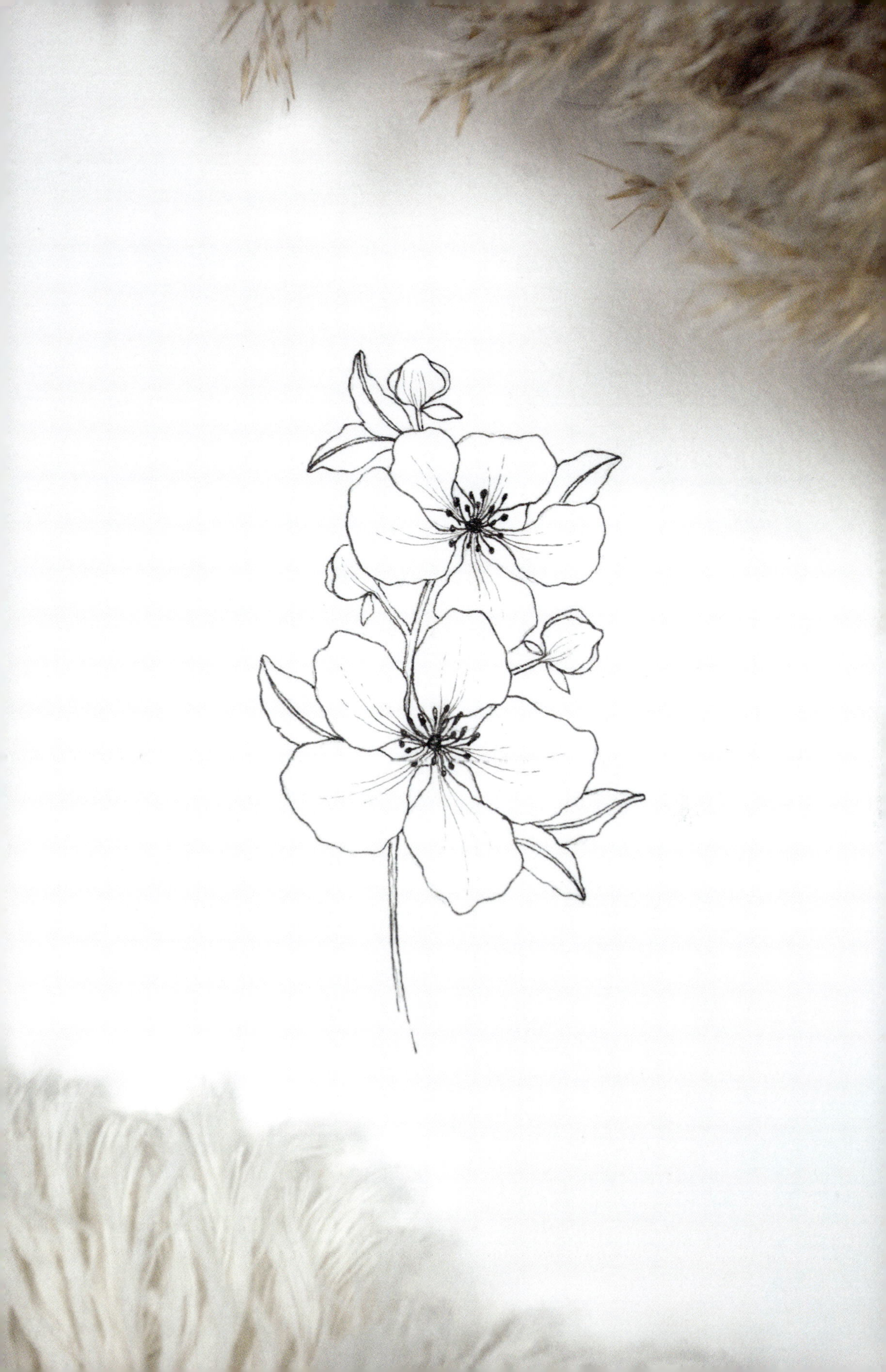

Schwierigkeitsgrad

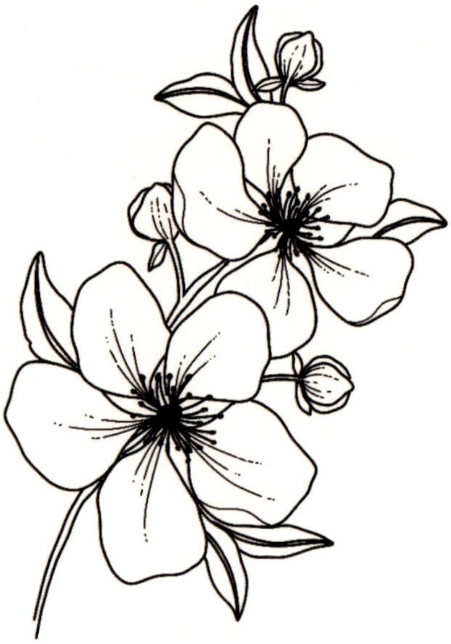

Materialien

- Druckbleistift HB
- Radiergummi
- Fineliner 03
- Fineliner 01

1. Charakteristisch für einen Apfelblütenzweig sind mehrere Blüten, die in Verbindung mit Knospen und Blättern an einem Zweig wachsen. Da die großen, geöffneten Blüten den meisten Raum einnehmen, beginnst du mit diesen.

Mit dem Bleistift legst du als Erstes die Positionen der beiden Blüten auf deinem Blatt fest. Zeichne dafür jeweils eine kreisförmige Linie. Soll deine Blüte von oben zu sehen sein, ist die Linie fast ein richtiger Kreis. Je mehr du die Blüte von der Seite zeigen möchtest, umso ovaler wird die Blütenform. Die Spitzen der Blütenblätter stoßen später an diese Linien, sodass sie die äußeren Begrenzungen der Blüten markieren. Außerdem überschneiden sich die Formen ganz

1.

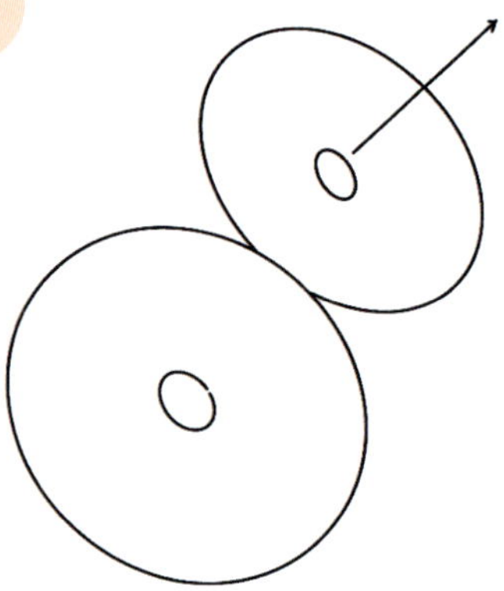

leicht, sodass eine Blüte über der anderen liegt. Hier ist die vordere Blüte fast kreisförmig und etwas größer und die hintere Blüte etwas ovaler und kleiner.

Anschließend markierst du jeweils mit einem kleinen Oval die Blütenmitten. An der vorderen Blüte, die fast von oben zu sehen ist, liegt das Oval fast mittig, an der hinteren Blüte ist das Oval etwas zum unteren Rand hin verschoben.

2.

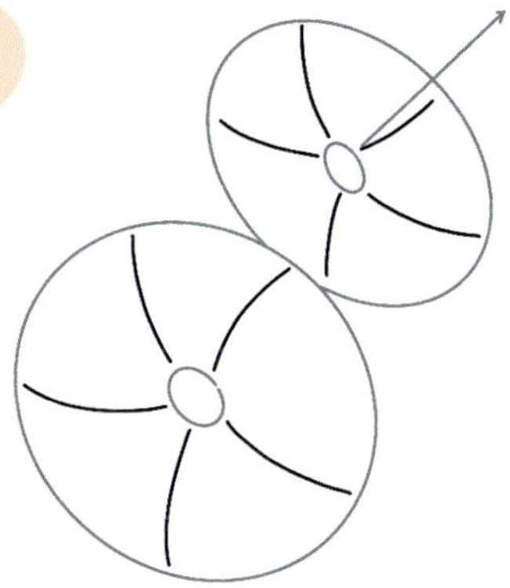

2. Markiere nun mit fünf gebogenen Linien, die jeweils vom kleinen Oval zur Außenlinie führen, die Mittellinien der Blütenblätter. Die Abstände der Linien zueinander sind in etwa gleich groß.

3.

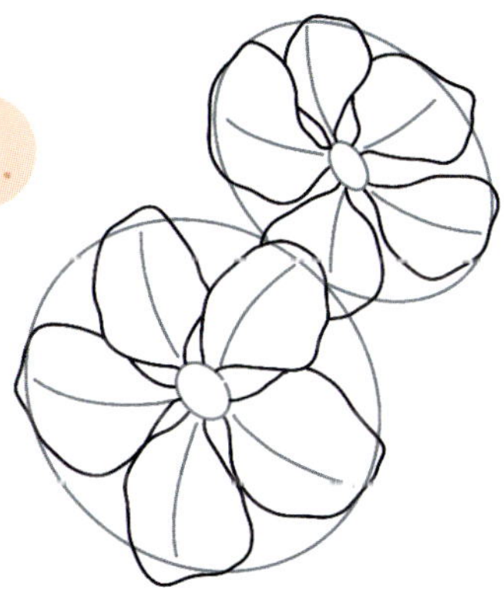

3. Anschließend formst du um jeden Bogen ein Blütenblatt. Die Blätter der Apfelblüte sind an der Blattbasis sehr schmal, werden dann direkt breiter und bilden außen eine leicht abgerundete Blattspitze. Achte darauf, dass die hintere Blüte von der vorderen teilweise verdeckt wird.

4.

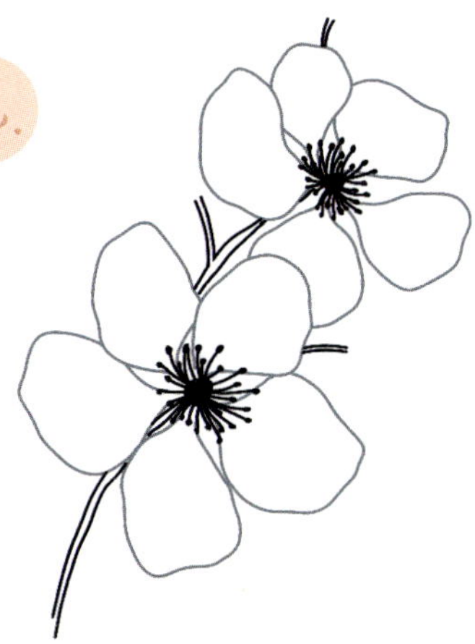

4. Den Blütenstempel zeichnest du als Dreieck mit abgerundeten Ecken. Rund um diesen Ausgangspunkt zeichnest du zarte Linien, die strahlenförmig nach außen gehen und jeweils in einer kleinen Verdickung, die wie ein Tropfen aussieht, enden. Lass die Linien auf unterschiedlichen Höhen enden, damit der Stempel dynamischer wirkt.

Skizziere anschließend die Äste mit dem Bleistift. Von den Ästen ist nur wenig zu sehen, da die Blüten dicht beieinanderliegen. Zeichne die Äste so, dass sie teilweise unter den Blüten hervorschauen und die dünnen Astenden sichtbar sind, damit du im nächsten Schritt noch Knospen und Blätter platzieren kannst.

5. Die Knospen zeichnest du an die Astenden. Beginne mit dem mittleren Blütenblatt, das komplett zu sehen ist, und setze anschließend links und rechts Bogen an, die unten am ersten Blütenblatt beginnen und nach oben hin auf unterschiedlichen Höhen wieder am Blütenblatt enden. An die Basis der Knospen kannst du jeweils noch zwei Blättchen zeichnen, die im rechten Winkel von der Knospe abstehen. Insgesamt solltest du etwa drei Knospen zeichnen, die in verschiedene Richtungen zeigen.

5.

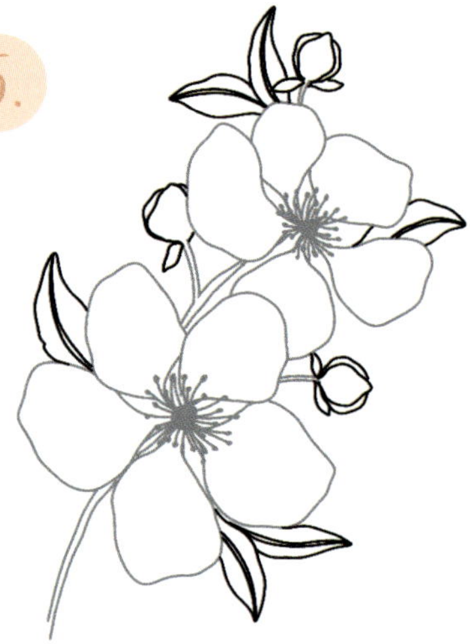

Als Nächstes kommen die Blätter, die man am Apfelzweig fast nie zur Gänze sieht, da sie ihren Ursprung unterhalb der Blüten haben. Achte auf eine ungleichmäßige Verteilung deiner Blätter, damit die Komposition nicht zu starr wirkt. Die Blätter schauen unterschiedlich weit, einzeln oder paarweise, unter den Blüten hervor. Im Verhältnis zu den Blütenblättern sind die Laubblätter eher lang und schmal und laufen spitz aus. Zeichne für die Blattader jeweils eine Doppellinie, die in der Blattmitte verläuft.

6. Wenn du alle Elemente vorgezeichnet hast, kannst du mit dem dickeren Fineliner die Konturen nachziehen und deine Hilfslinien wegradieren. Danach fügst du mit dem dünneren Fineliner zarte Detaillinien hinzu. Halte den Stift dabei locker in der Hand und lass ihn über das Papier gleiten. Zeichne jeweils zwei bis drei Linien von der Blattbasis in Richtung Blattspitze und orientiere dich bei der Ausrichtung der Linien immer am Verlauf des jeweiligen Blütenblattes.

6.

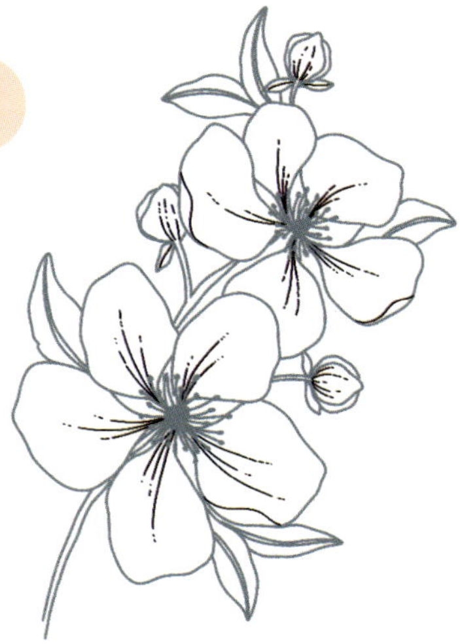

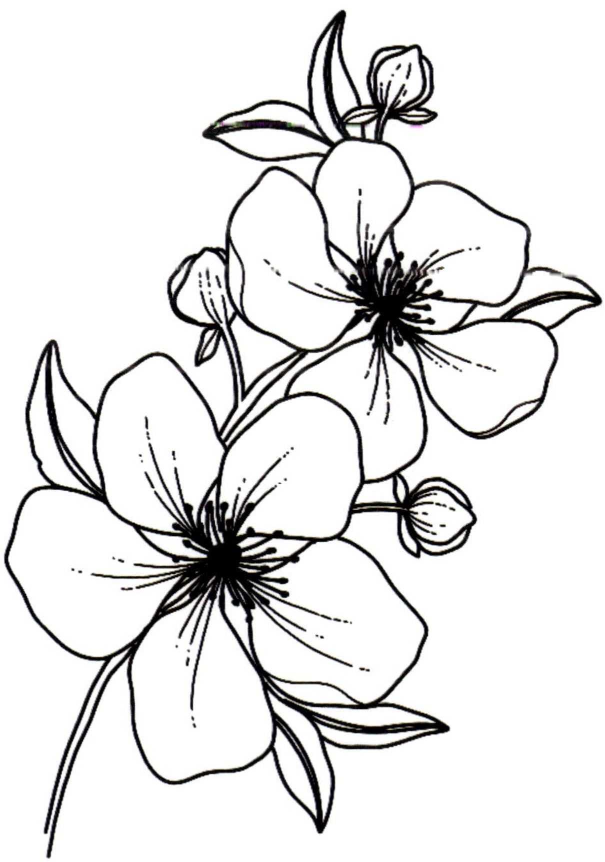

Pfingstrose

Die Pfingstrose steht in der Sprache der Blume für die Liebe der Mutter, weshalb sie besonders gern zum Muttertag verschenkt wird. Wie wäre es dieses Jahr mit einer Blume, die nicht verblühen kann?

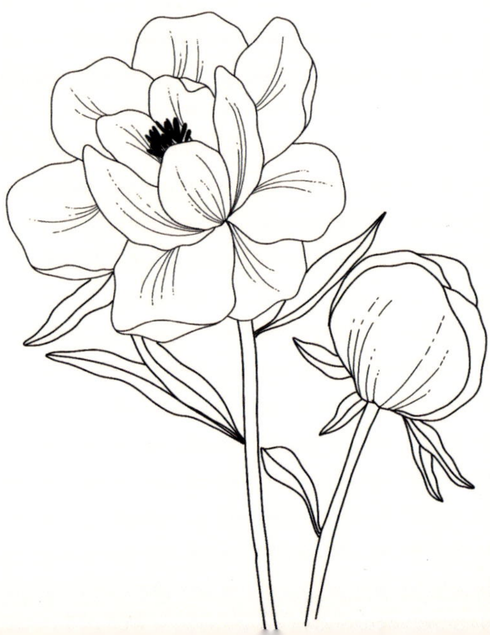

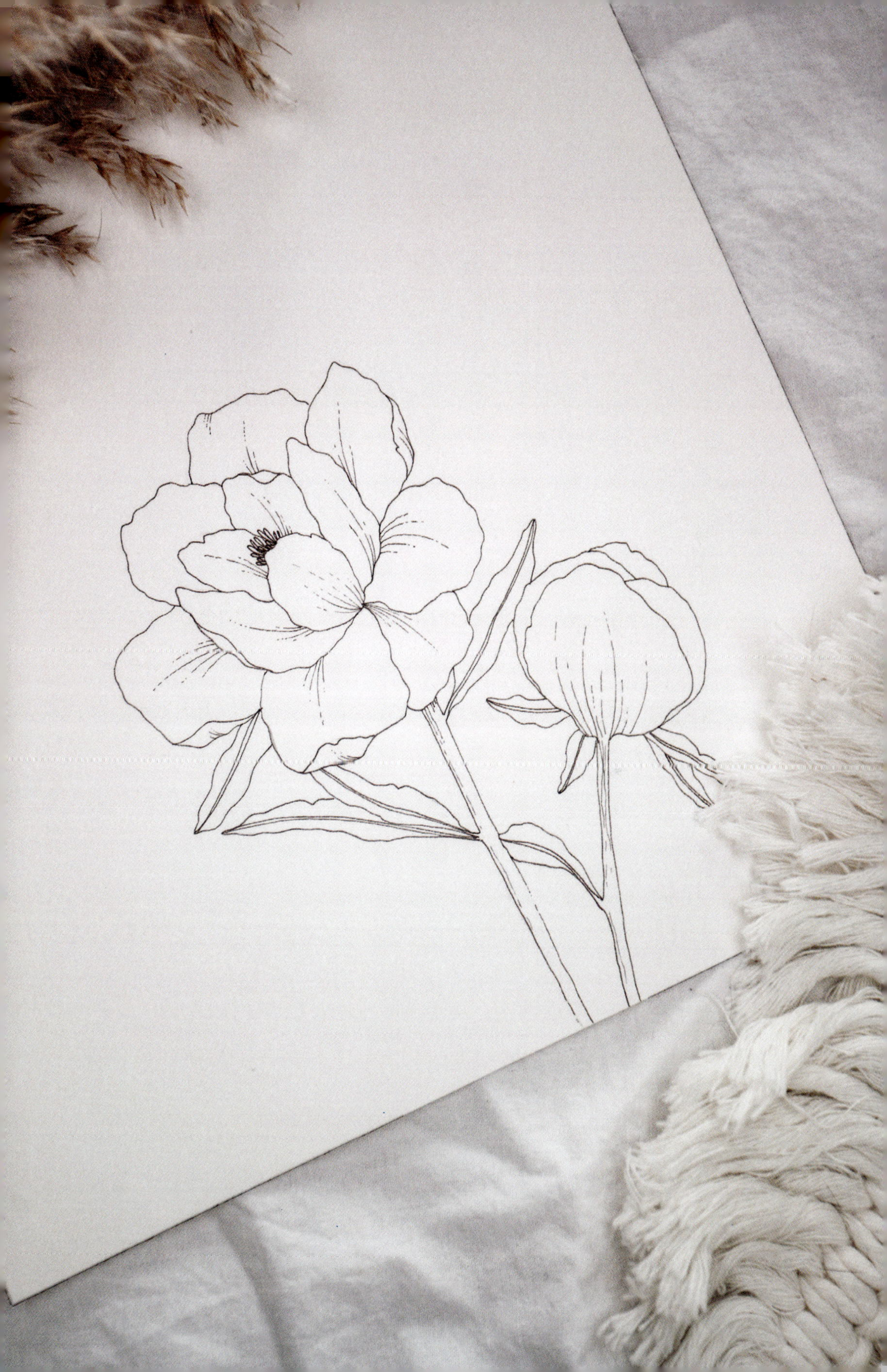

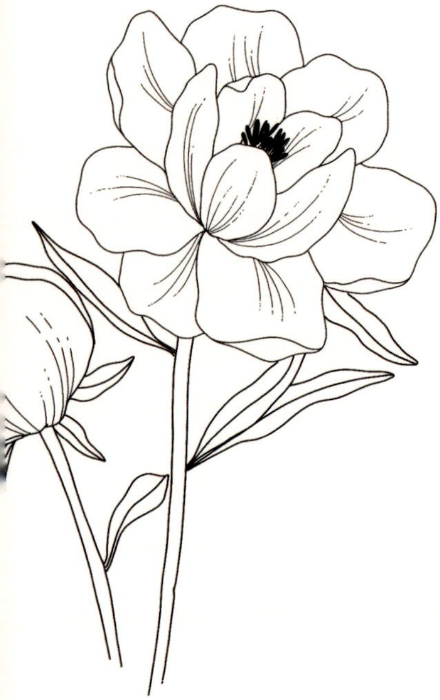

Schwierigkeitsgrad

◆◆◇

Materialien

- Druckbleistift HB
- Radiergummi
- Fineliner in 03
- Fineliner 005

1. Hier zeichnest du eine offene und eine geschlossene Blüte. Mit der offenen Blüte fängst du an und setzt einen großen Kreis auf dein Blatt. In den großen Kreis, der die äußere Begrenzung deiner Blüte darstellt, zeichnest du zwei weitere Kreise. Der mittlere markiert das Ende der ersten Blütenblattreihe, und der kleine deutet den Blütenstempel an. Markiere mithilfe eines Pfeils, welche Ausrichtung deine Blüte haben soll.

1.

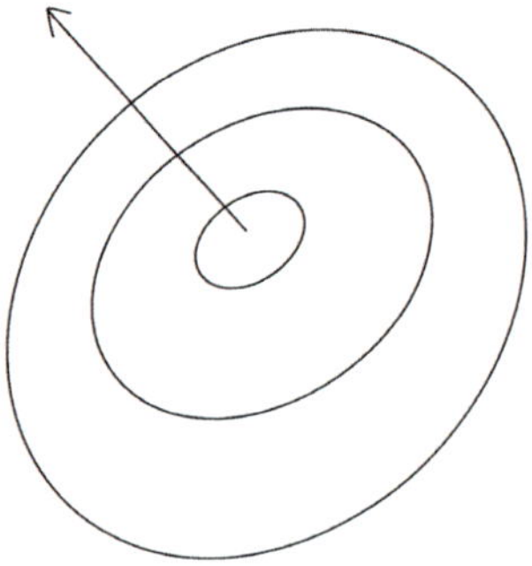

2. In den mittleren Kreis setzt du fünf gebogene Linien, die relativ parallel verlaufen und wieder die Mittellinien deiner Blätter bilden.

3. Beachte beim Ausformen der Blätter die Ausrichtung deiner Blüte: Von den vorderen Blättern ist mehr zu sehen als von den Blättern, die hinten liegen, da sie von den vorderen Blättern und vom Blütenstempel verdeckt werden. Das vordere Blatt ist am breitesten und zugleich das kürzeste. Die seitlichen Blätter sind länglicher. Von den hinteren Blättern ist jeweils nur die obere, gebogenen Kante zu sehen.

4. Bei der zweiten Blütenblattreihe gehst du genauso vor wie bei der ersten, nur sind die Blütenblätter jetzt deutlich größer und breiter. Zeichne sechs gebogene Linien, jeweils am äußeren Rand der ersten Blattreihe beginnend zum äußeren Kreis. Die vorderen Blätter sind nach vorne gebogen. Das kannst du darstellen, indem du sie ähnlich einem Fünfeck zeichnest, wobei eine Seite an die erste Blütenblattreihe angrenzt. Als kleine Hilfestellung habe ich dir ein vorderes Blatt einzeln gezeichnet.

2.

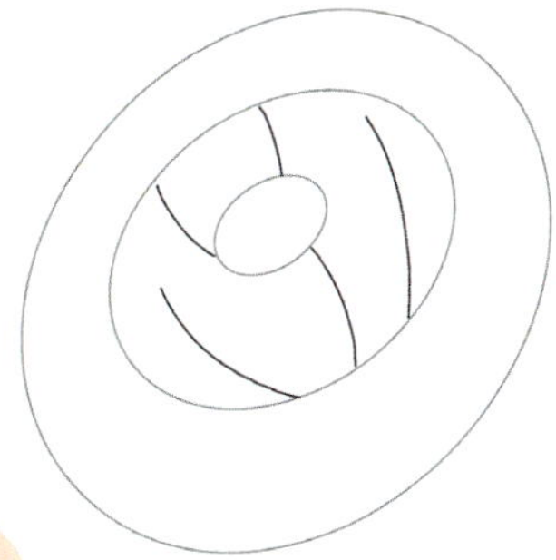

3.

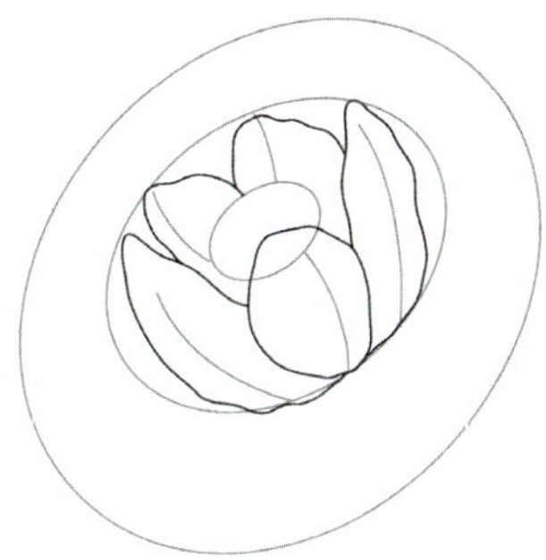

4.

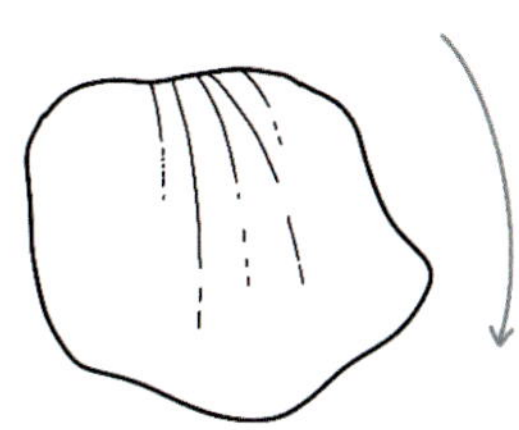

5. Die seitlichen Blätter stehen eher nach oben. Sie beginnen unten relativ schmal, werden dann schnell breit und laufen oben umso spitzer zu, je mehr man sie von der Seite sieht. Auch hierzu habe ich dir ein einzelnes Blatt gezeichnet. Wenn du ein Stückchen von der Blattunterseite zeigen möchtest, ergänzt du an der Seite einen zur Außenkontur gegenläufigen Bogen, der an den Enden zur Außenkontur ausläuft.

5.

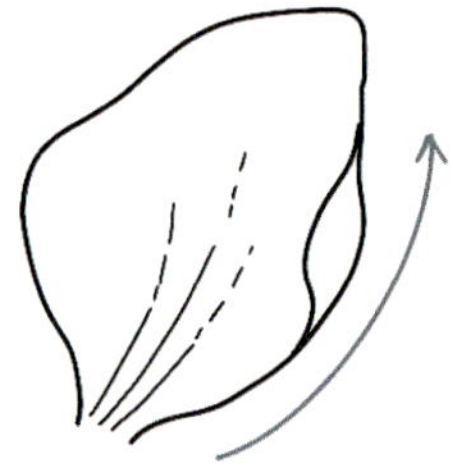

6. Von den hinteren Blütenblättern ist in der zweiten Reihe nicht viel zu sehen. Dort reicht es, wenn du je Blatt einen kleinen unregelmäßigen Bogen zeichnest.

6.

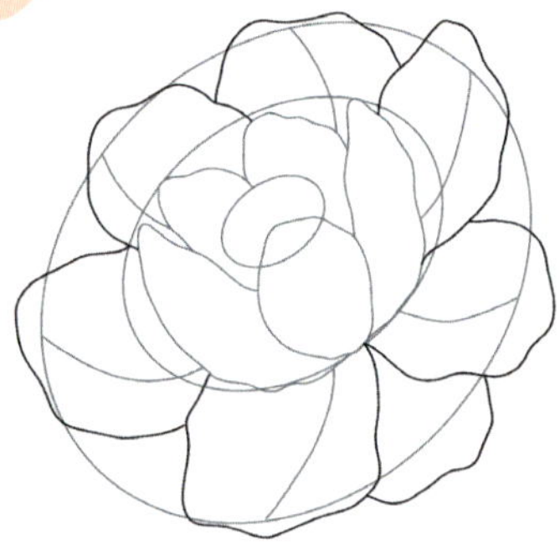

7. Jetzt setzt du kleine Tropfen in den Blütenstempel, die sich in die gleiche Richtung neigen wie deine Blüte. Du kannst die Tropfen ineinander und nebeneinander zeichnen, lass dazwischen jedoch nicht zu viele Weißräume stehen.

7.

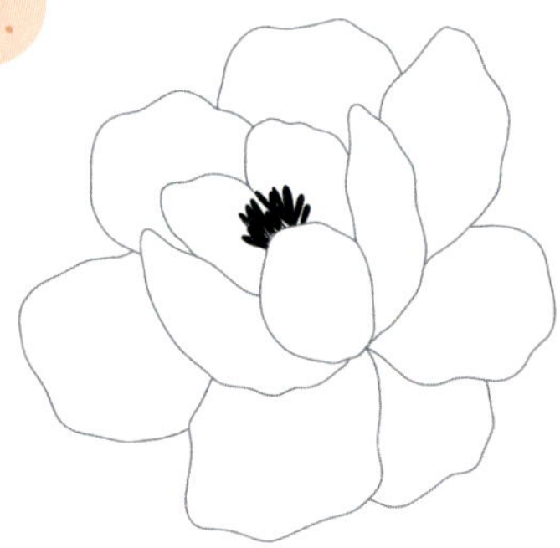

8. Für die geschlossene Blüte zeichnest du zuerst rechts unterhalb der ersten Blüte ein Blütenblatt, das komplett sichtbar ist. Das Blatt hat eine runde Form mit einer welligen Kontur, an der Blattbasis zeigt sich eine kleine Spitze.

Anschließend setzt du links, rechts und oberhalb von diesem Blütenblatt drei bis vier bogenförmige Wellenlinien an, die mal mehr und mal weniger Abstand zum ersten Blütenblatt haben. Eine Knospe ist einfach zu zeichnen und eine gute Ergänzung zu einer raumeinnehmenden Blüte.

8.

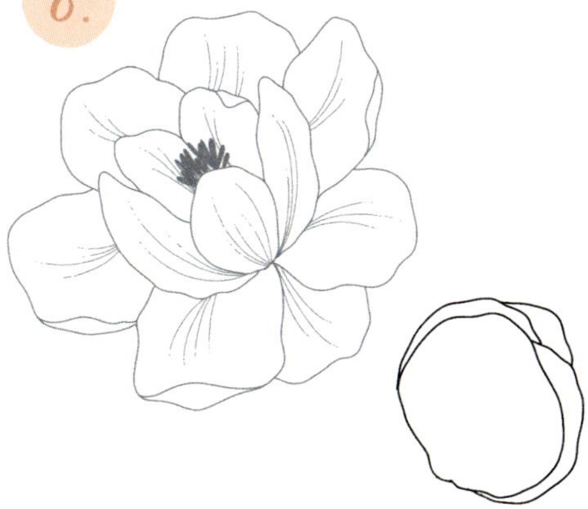

9. Zeichne mit zwei parallelen Linien einen Stiel von der Blütenmitte der geöffneten Blüte in einem leichten Bogen nach rechts unten. Bei der geschlossenen Blüte zeichnest du ebenfalls von der Mitte aus einen Stiel, dieser neigt sich aber leicht nach links zum Stiel der geöffneten Blüte. Ergänze an beiden Stielen schmale Blätter mit wellenförmigen Außenkonturen. Lass jedoch nicht alle Blätter in die gleiche Richtung zeigen, auch wenn du ein Blatt etwas länger und eines etwas kürzer zeichnest, wirkt dein Bild dynamischer. Zeichne außerdem einige Blätter, die direkt unterhalb der Blüte und besonders unterhalb der Knospe ansetzen und eher waagerecht nach außen zeigen.

9.

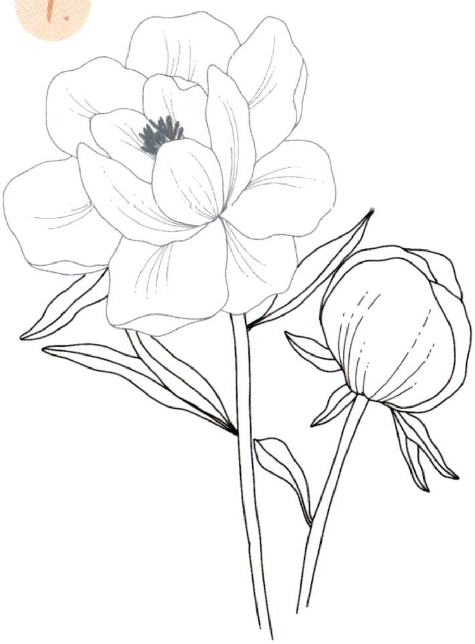

10. Wenn deine Vorzeichnung fertig ist, kannst du die Outlines mit dem dicken Fineliner nachziehen und mit einem dünneren Fineliner zarte Detaillinien hinzufügen. Halte den Stift dabei locker in der Hand und lass ihn über das Papier gleiten. Zeichne jeweils drei bis fünf Linien von der Blattbasis in Richtung Blattspitze und orientiere dich bei der Ausrichtung der Linien immer am Verlauf des jeweiligen Blütenblattes. Die Linien sollten in der Länge variieren. Am mittleren Blatt der Knospe kannst du sieben oder acht solcher Linien zeichnen.

Dann die Farbe nur noch gut trocknen lassen, die Hilfslinien wegradieren und fertig ist deine zauberhafte Pfingstrose.

Chrysan-theme

Die Chrysantheme steht in der Sprache der Blumen als Symbol für das Glück. Sie gehört zu der Gattung der Korbblütler und zählt mit ihren über vierzig Arten zu den bedeutendsten Zierpflanzen.

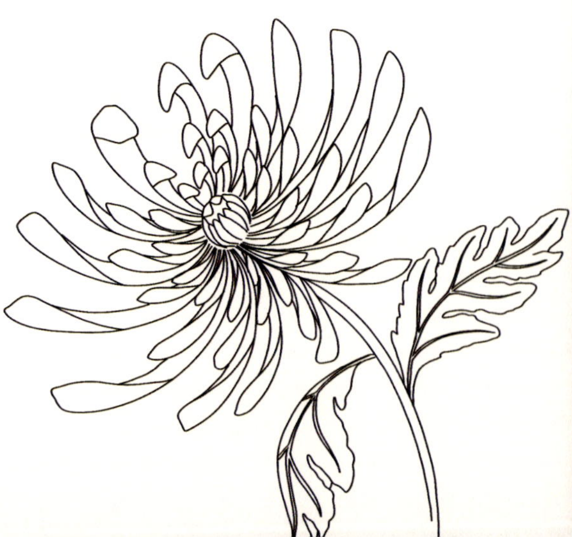

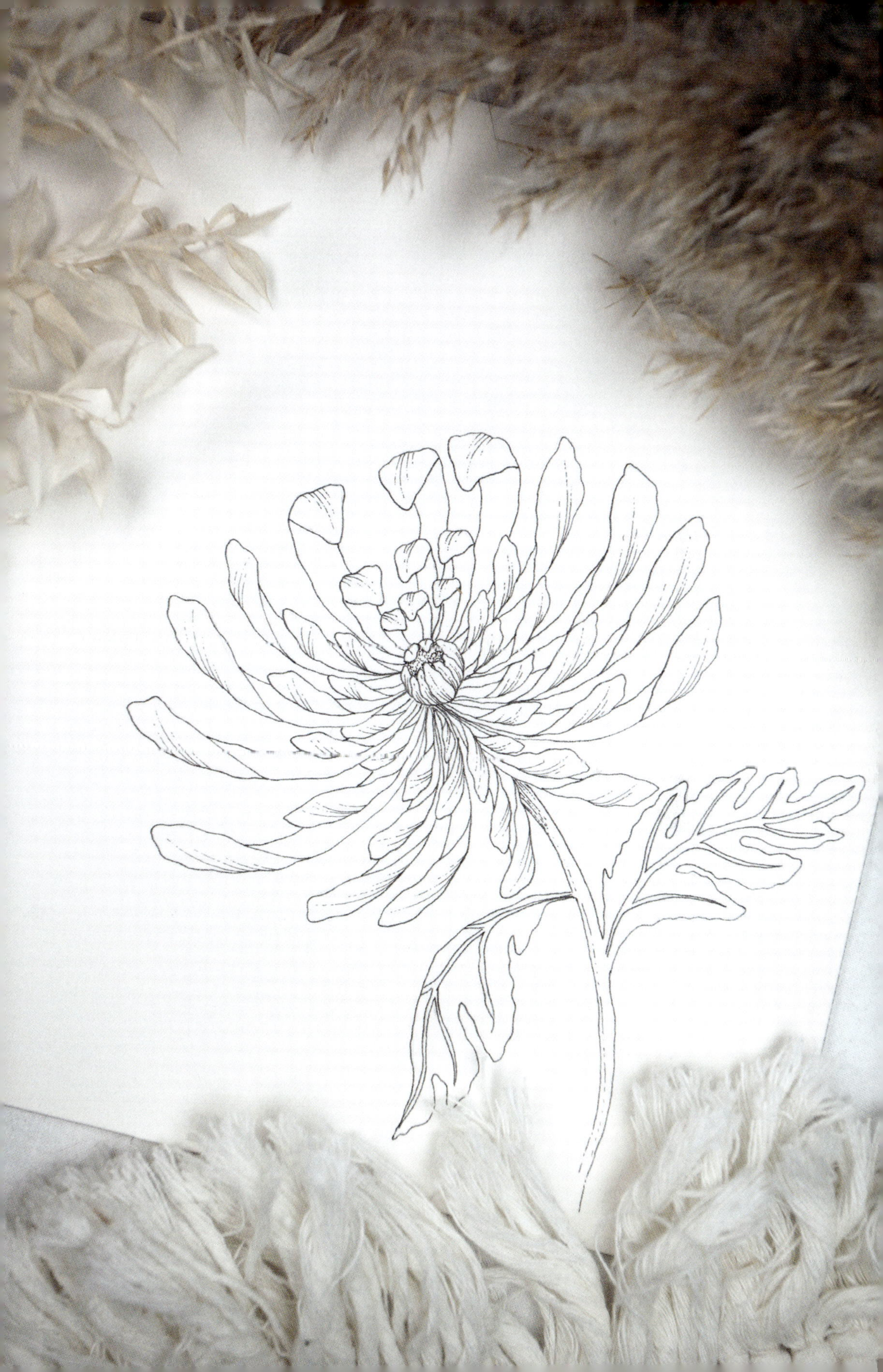

Schwierigkeitsgrad

◆◆◆

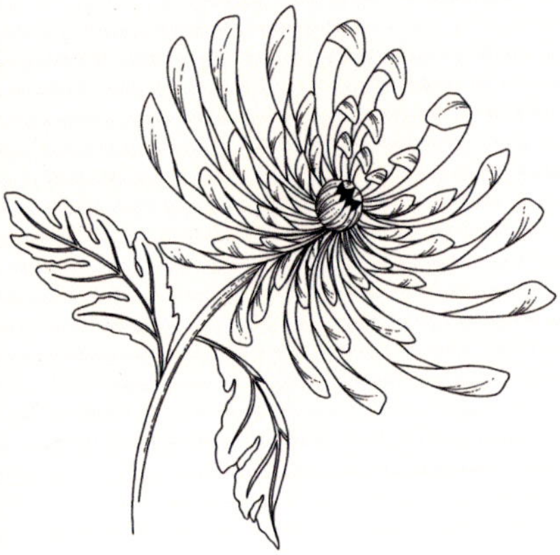

Materialien

- Druckbleistift HB
- Radiergummi
- Fineliner 03
- Fineliner 005

1. Zeichne zuerst einen kleinen Kreis, um die Blütenmitte zu markieren. Anschließend zeichnest du um die Blütenmitte eine leicht ovale Form, um die Außenkante der Blüte zu markieren. Von der Mitte aus zeichnest du einen ganz dünnen Pfeil, damit du beim Ausarbeiten der Blüte ihre Ausrichtung im Blick behältst.

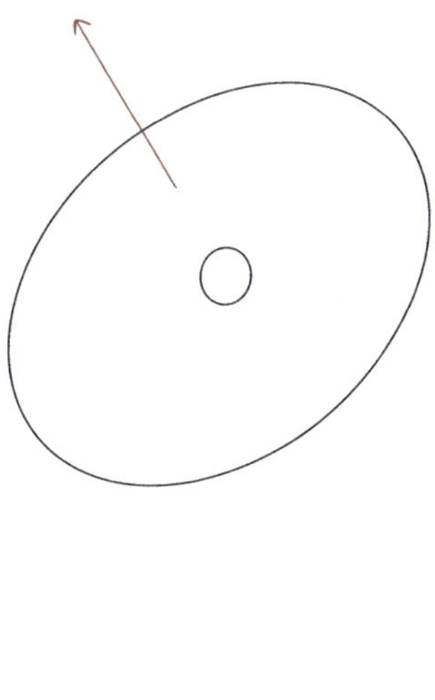

2. Die Blütenblätter im kleinen Kreis und somit in der Mitte sind die kleinsten der Blüte. Diese stehen aufrecht, das heißt, sie verlaufen in der gleichen Richtung wie dein Pfeil. Nur das mittlere Blatt ist ganz zu sehen. Es hat eine längliche Form und läuft nach oben spitz aus. Unten beginnen die Blattlinien an der Kreislinie. Von den links und rechts angrenzenden Blättern sind jeweils nur eine Seitenkante und die Spitze zu sehen, der Rest wird durch die benachbarten Blätter verdeckt. Von hinten liegenden Blütenblättern sind nur die Spitzen zu sehen. Diese kannst du mit kleinen Dreiecken andeuten.

2.

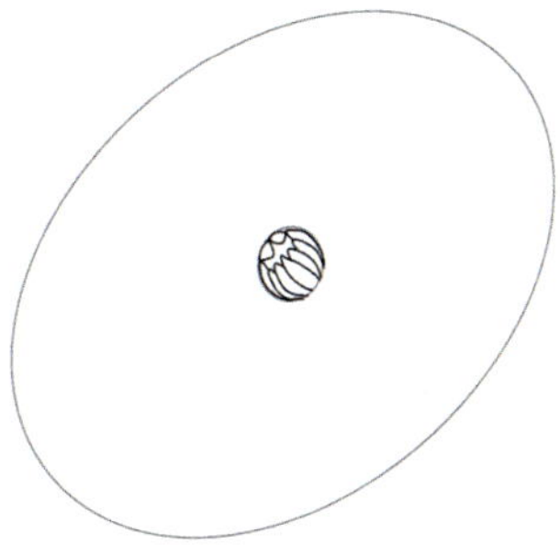

3.

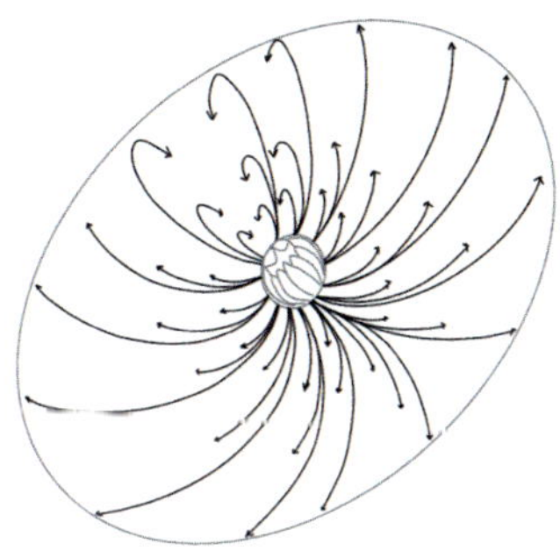

3. Jetzt ist deine ganze Konzentration gefragt. Mithilfe von jeweils drei gebogenen Pfeilen, die sich aneinanderschmiegen, markierst du die Blattmitten von jeweils einem kleinen, einem mittelgroßen und einem großen Blatt, die übereinanderliegen und alle ihren Ursprung in der Blütenmitte haben. Alle drei Pfeile haben immer den gleichen Ursprung am kleinen Kreis, jedoch endet der kürzeste näher an der Mitte, und der längste führt bis zum Rand des äußeren Kreises.

4. Die Blätter haben zwar alle eine längliche Form, sind aber sehr verschieden, je nachdem, wo sie an der Blüte sitzen. Deshalb habe ich für die vorderen, seitlichen und hinteren Blätter jeweils ein einzelnes Beispiel gezeichnet, um dir das Nacharbeiten zu erleichtern. In den Detailzeichnungen kannst du auch gut erkennen, wie du Blätter zeichnen kannst, die sich am Ende umbiegen und die Blattunterseite zeigen. Lass dir beim Setzen und Illustrieren der einzelnen Blütenblätter Zeit.

4.

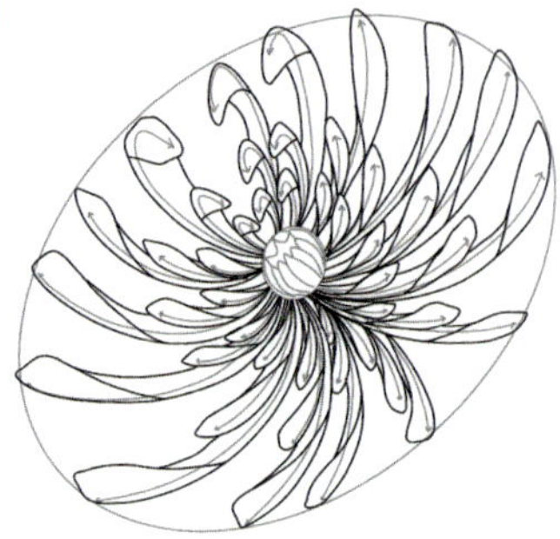

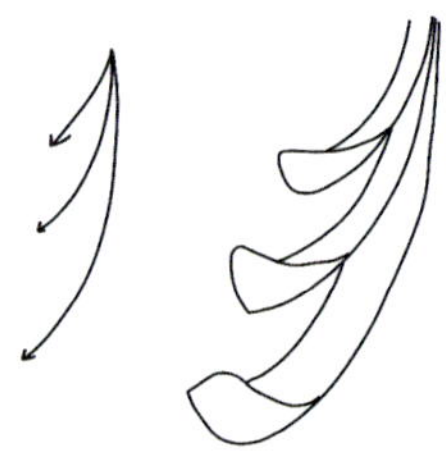

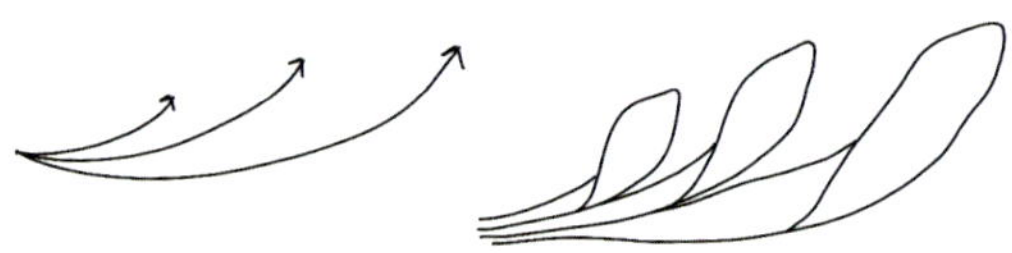

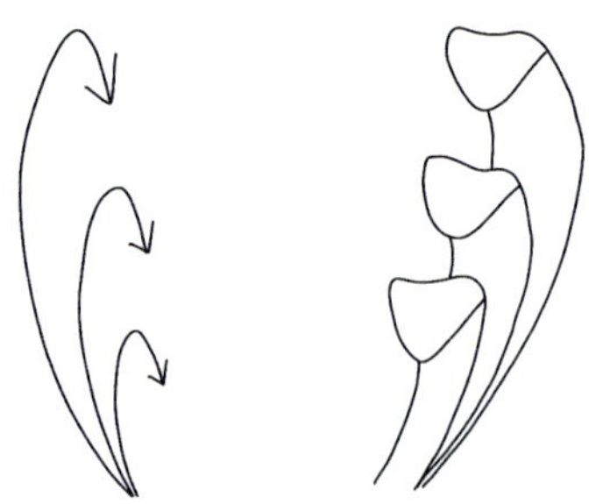

5. Nach den Blütenblättern zeichnest du den Stiel der Chrysantheme. Beachte dabei die Ausrichtung deiner Blüte und lass den Stiel in einem leichten Bogen in derselben Richtung verlaufen.

An den Stiel zeichnest du zwei Blätter. Da die Blüte bereits sehr viel Raum einnimmt, sind zwei Blätter in diesem Fall ausreichend. Zeichne zuerst jeweils die Hauptblattader und setze an jeder Seite zwei oder drei weitere gebogene Linien an. Die Adern bestehen jeweils aus Doppellinien, die an den Enden zusammenlaufen. Anschließend kannst du das Blatt ausformen, indem du in welligen Linien deine Blattadern umfährst. Wenn du möchtest, kannst du eines der Blätter etwas hängen lassen, dann sieht man nur die eine Blatthälfte bis etwas oberhalb der Hauptblattader. Diese Blatthälfte wird oben durch einen glatten Bogen begrenzt und die verdeckte Blattseite nur durch Linien zwischen den unteren Blattsegmenten angedeutet.

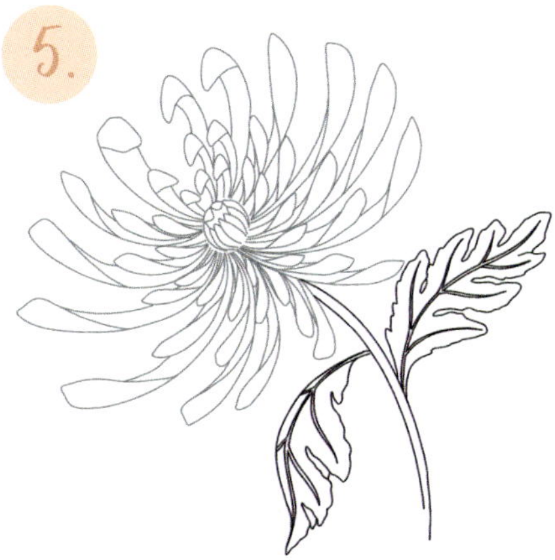

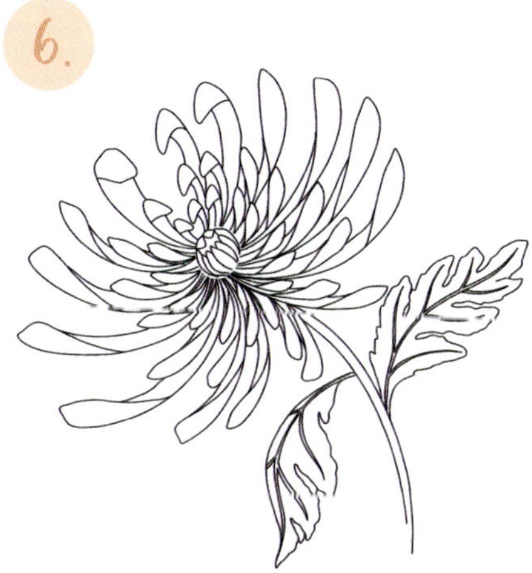

6. Nun wechselst du zum dickeren Fineliner und ziehst alle Konturen nach. Achte darauf, dass sich einige deiner Elemente überschneiden und die Linien der hinteren Elemente nur teilweise sichtbar sind. Wenn deine Linien gut getrocknet sind, kannst du die Hilfslinien wegradieren.

7. Im letzten Schritt ziehst du mit dem dünneren Fineliner zarte Detaillinien. Lass jeweils drei bis vier Linien über die nach oben gebogenen Unterseiten der Blätter laufen. Fertig ist deine Chrysantheme.

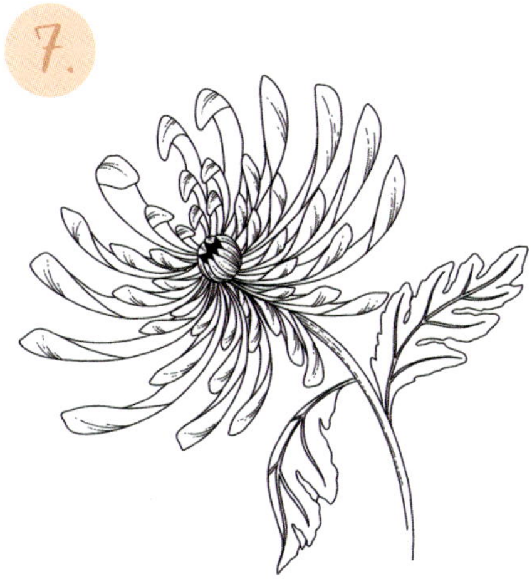

Protea

Die Protea gehört zur Gattung der Zuckerbüsche und ist allein durch ihre Größe ein tolles Highlight in einer Blumenkomposition.

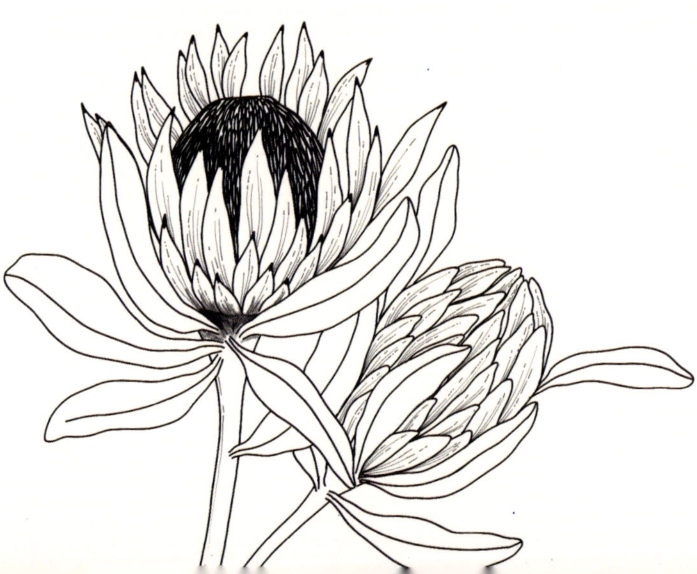

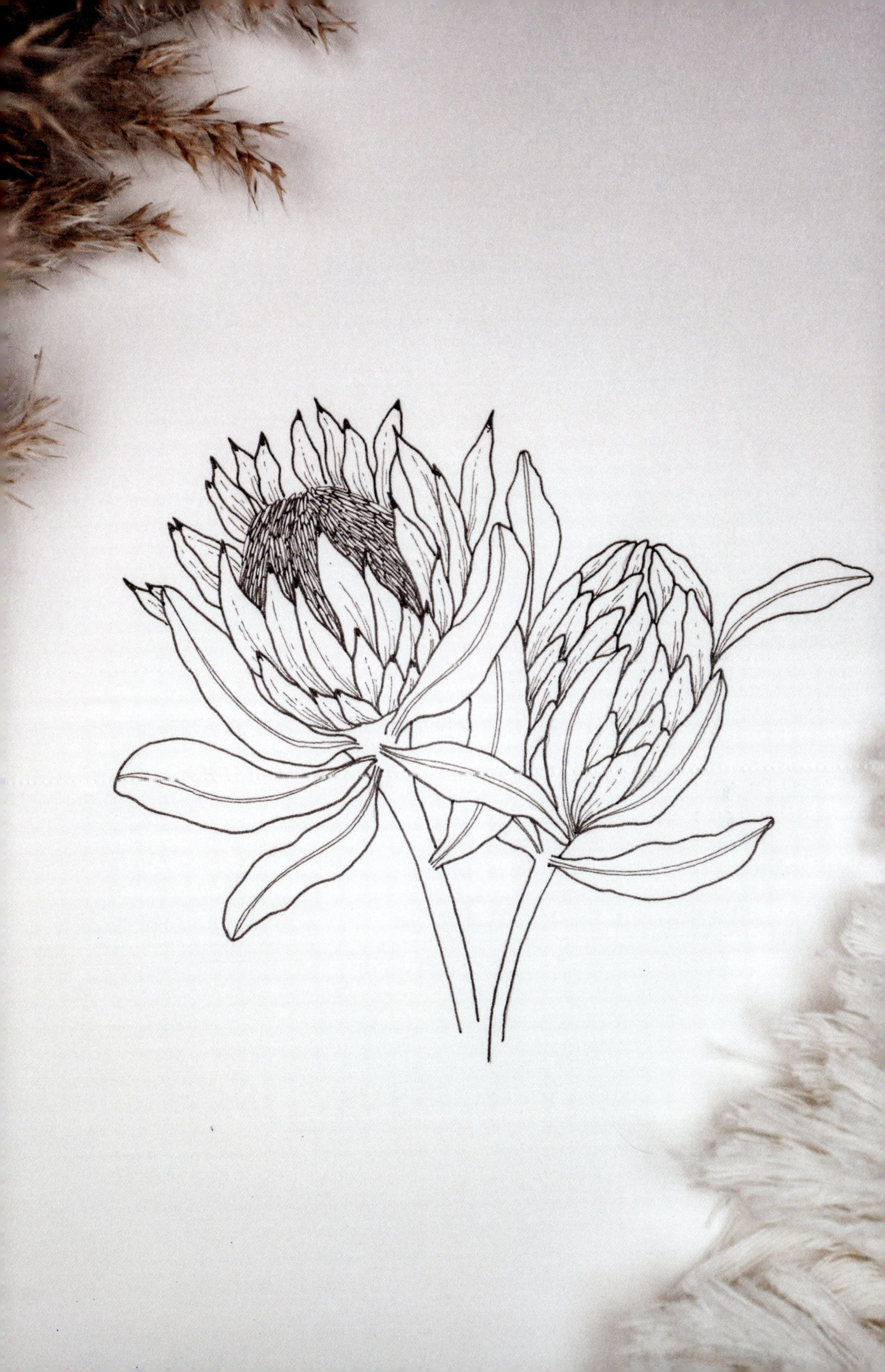

Schwierigkeitsgrad

◆◆◆

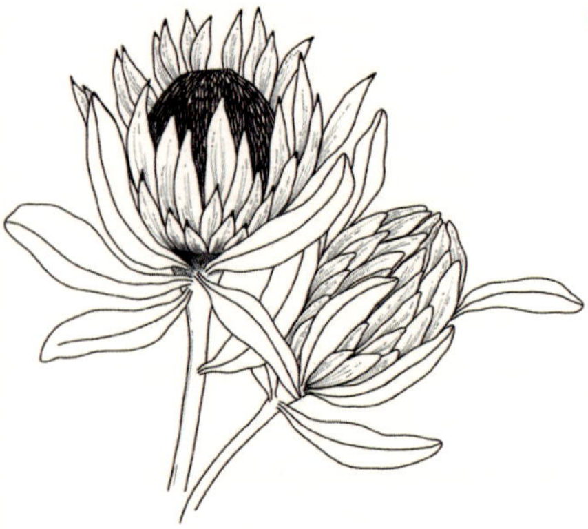

Materialien

- Druckbleistift HB
- Radiergummi
- Fineliner 03
- Fineliner 01

1. Zeichne zuerst eine leicht ovale, größere Form für die geöffnete Proteablüte und ein deutlicheres Oval für die geschlossene Proteablüte. Die geöffnete Blüte kann nach oben gerichtet sein, die geschlossene sollte etwas nach rechts geneigt sein.

1.

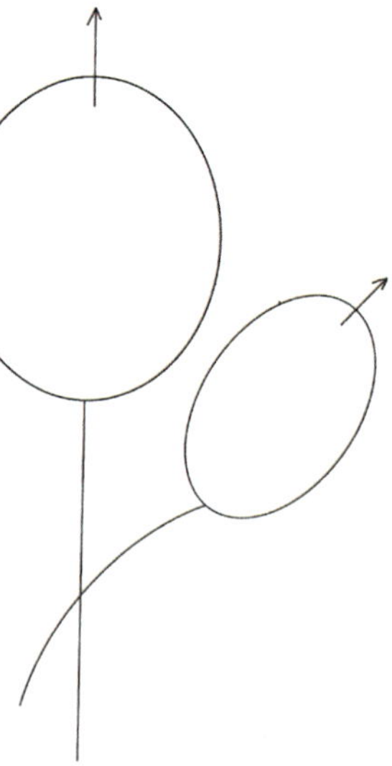

2. Nun beginnst du damit, die offene Blüte zu skizzieren. Zeichne dafür einen Kelch unter die ovale Form. Je offener die Blüte bereits ist, desto flacher und weiter geöffnet ist der Kelch.

2.

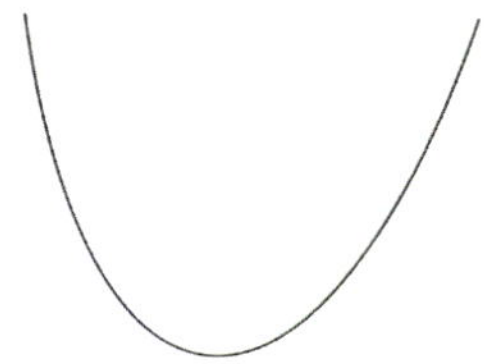

3. Als Nächstes werden die Blütenblätter gezeichnet. Dafür malst du schmale, spitz zulaufende Blätter. Du beginnst in der unteren Kelchmitte und zeichnest vier halbe Blätter, die an der Kelchlinie beginnen und sich seitlich etwas überlappen. Zum Rand des Kelchs zeichnest du längere Blätter. In der nächsten Reihe zeichnest du die Blätter leicht versetzt in die Lücken zwischen den Blättern der ersten Reihe. Die Blätter überlappen sich wieder seitlich und variieren in der Länge.

3.

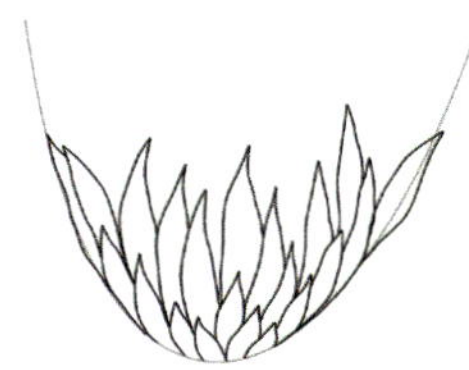

4. In der dritten und zugleich letzten Reihe setzt du die Blätter in die Lücken der zweiten Reihe. Diese Blütenblätter sind am längsten, und die Lücken zwischen den Blättern werden nach oben größer.

Die leicht ovale Form in der Mitte wird der Blütenstempel. Du füllst die Form mit kurzen, dünnen Linien, die nebeneinanderliegen und jeweils zur oberen Mitte des Blütenstempels zeigen.

4.

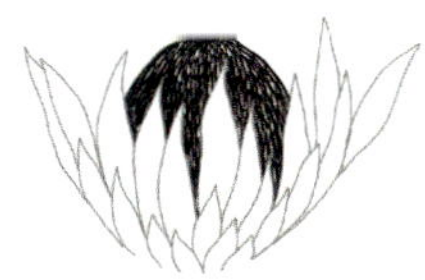

5. Jetzt zeichnest du die Blütenblätter, die sich an der Seite und hinter dem Blütenstempel befinden. Diese dürfen unterschiedlich lang sein und ungleichmäßige Abstände zueinander haben, sollten sich aber an der Ausrichtung der Blüte orientieren. Auch diese Blätter überlappen sich teilweise an den Seiten.

5.

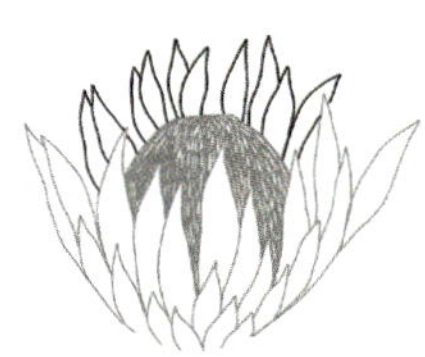

6. Jetzt braucht deine Protea noch Laubblätter. Zeichne dafür gebogene Linien, die ihren Ursprung an der Blütenbasis haben und die Blattader kennzeichnen. Zusätzlich kannst du am Stiel entlang noch weitere Blätter mit verschiedenen Ausrichtungen platzieren.

6.

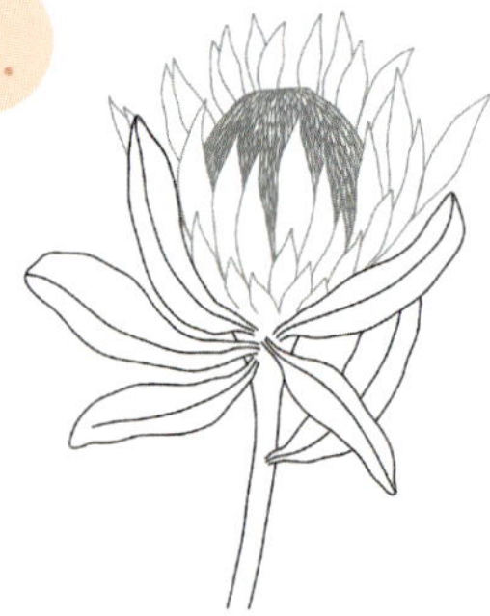

Bevor du die Laubblätter zeichnest, solltest du die darunterliegenden Blütenteile leicht wegradieren, jedoch so, dass deine Linien noch zu erkennen sind. Teilweise verlaufen die Laubblätter nämlich über der Blüte, und zu viele Hilfslinien können das Zeichnen schwierig machen, statt es zu erleichtern. Erst dann formst du die Laubblätter aus, die bei der Protea lang und spitz verlaufen und eine wellige Außenkante haben.

7. Nun widmest du dich der geschlossenen Protea, die leicht nach rechts geneigt ist und teilweise von der geöffneten Protea verdeckt sein soll. Wie zuvor an der geöffneten Protea zeichnest du als Erstes die Blütenblätter ein, allerdings sind sie hier an den Blattspitzen etwas runder, werden aber ebenfalls zur Spitze der Blüte hin länger.

7.

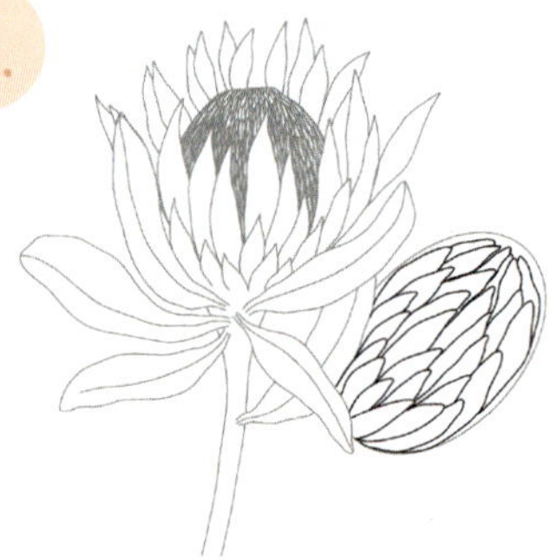

8. Zeichne den Stiel und die Blätter nach dem gleichen Prinzip wie bei der geöffneten Blüte. Die Blätter verdecken hier ebenfalls die Blüte an manchen Stellen.

8.

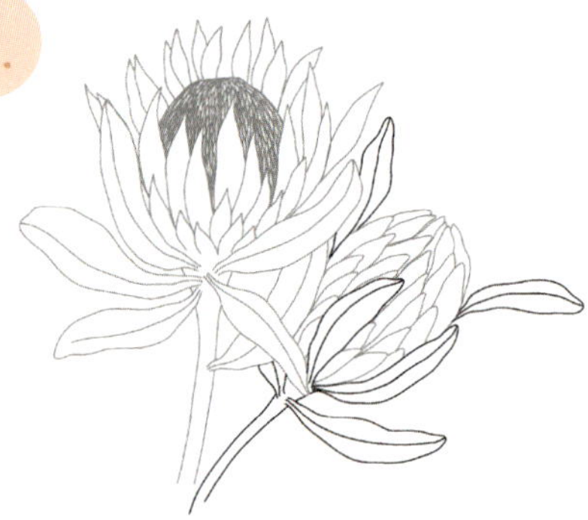

9. Zum Schluss ziehst du nun mit dem dicken Fineliner die Linien nach und setzt mit dem dünneren Fineliner Details in die Blütenblätter. Halte deinen Stift dafür recht locker in der Hand und ziehe drei bis vier unterbrochene Linien pro Blütenblatt, die sich in der Ausrichtung am jeweiligen Blütenblatt orientieren. Zusätzlich kannst du an die Spitzen der Blütenblätter der geöffneten Protea kleine schwarze Dreiecke setzen und den Übergang vom Stiel zur Blüte mit vielen kleinen parallelen Strichen dunkel färben. Fertig ist deine Protea.

9.

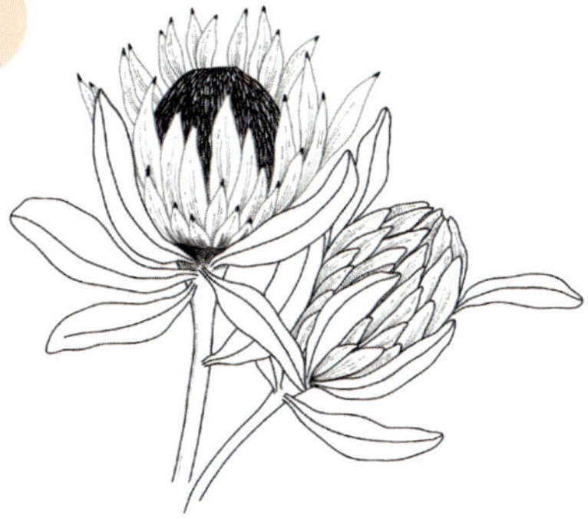

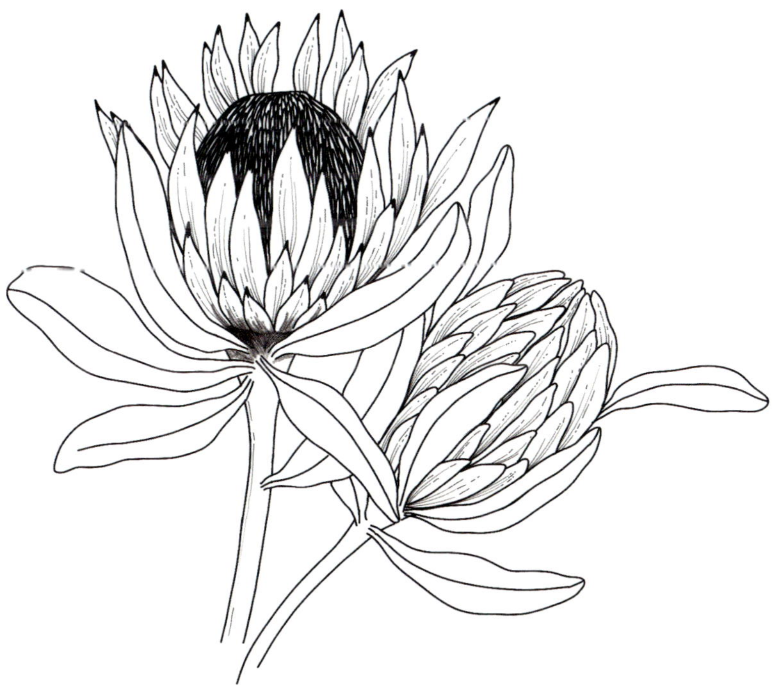

Palmen-blatt

Wenn ihr Lust auf tropische Kompositionen habt, ist das Palmenblatt genau die richtige Wahl. Auf den nächsten Seiten zeige ich euch Schritt für Schritt, wie ihr ein Palmenblatt zeichnen könnt.

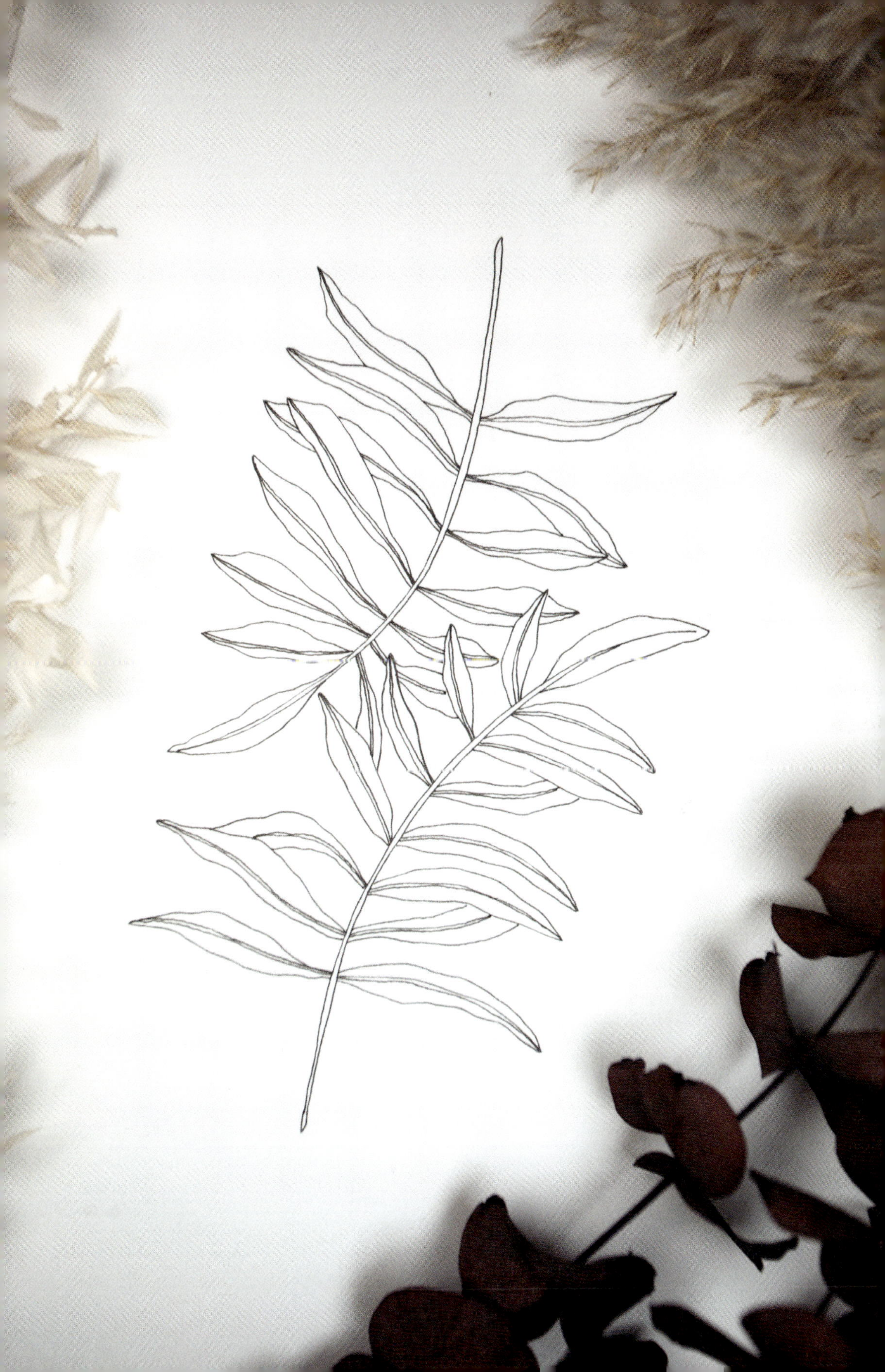

Schwierigkeitsgrad

Materialien

- Druckbleistift HB
- Radiergummi
- Fineliner 03
- Fineliner 01

1. Zeichne zuerst eine gebogene Linie und ziehe dann eine zweite daneben, die an der Spitze mit deiner ersten Linie zusammenläuft. Diese beiden Linien bilden den Stiel, von dem die einzelnen Blätter des Palmwedels abgehen.

1.

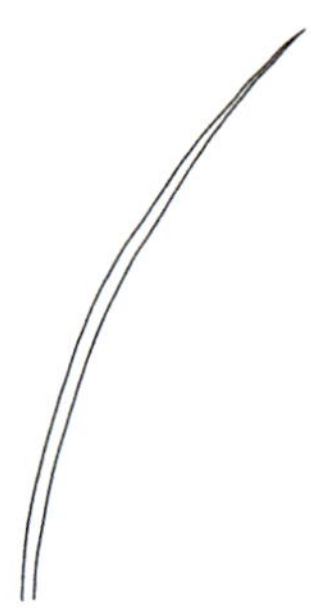

2. Deute nun die Blattform an, so musst du später nicht mehr darüber nachdenken, welche Blätter kürzer beziehungsweise länger werden müssen. Zeichne dafür eine dreieckähnliche Form, die sich der Biegung des Stiels anpasst und deren untere Ecken abgerundet sind.

2.

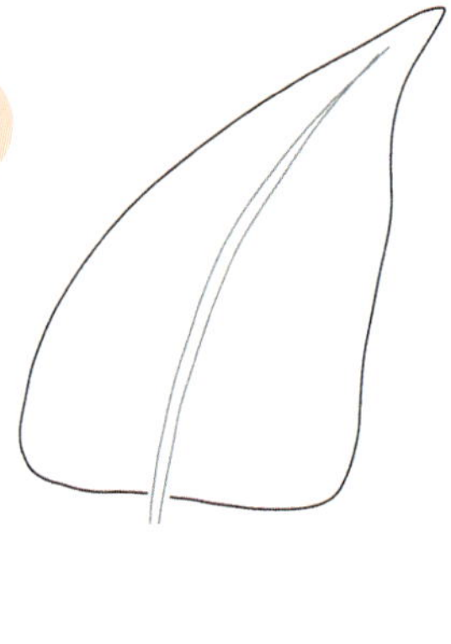

3. Vom Stiel aus bis zur Begrenzung deiner Blattform kannst du jetzt auf jeder Seite sieben gebogene Linien ziehen, um die Positionen der kleineren Blätter zu kennzeichnen. Die Bogenlinien können sich dabei auch etwas nach oben oder nach unten neigen, damit die Blätter später nicht alle geradlinig in einer Richtung verlaufen. Zwei nebeneinanderliegende Linien können sich auch einmal überlappen oder an den Enden beinahe aneinanderstoßen. So wirkt dein Palmenblatt dynamischer.

3.

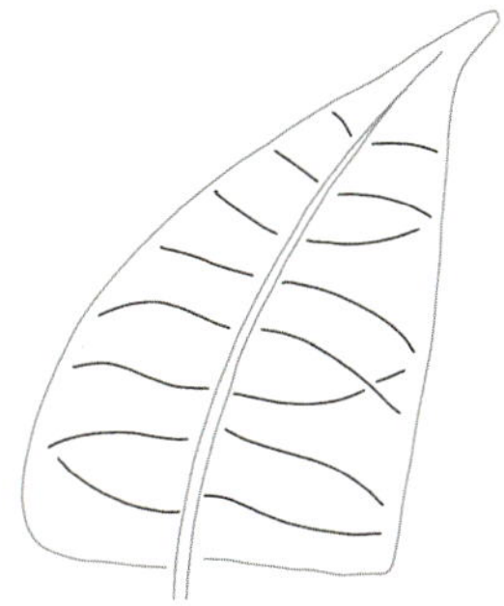

4. Entlang deiner gebogenen Linien zeichnest du jetzt die Blätter, die am Ansatz sehr schmal sind, dann etwas breiter werden und zur Spitze hin wieder schmal zusammenlaufen. Die Blätter dürfen sich aufgrund ihrer unterschiedlichen Ausrichtung gerne überlappen. Wenn es dir hilft, zeichne die Blätter ruhig erst übereinander und entscheide anschließend, welches Blatt oben liegt. Danach radierst du einfach die Linien des darunterliegenden Blattes weg.

4.

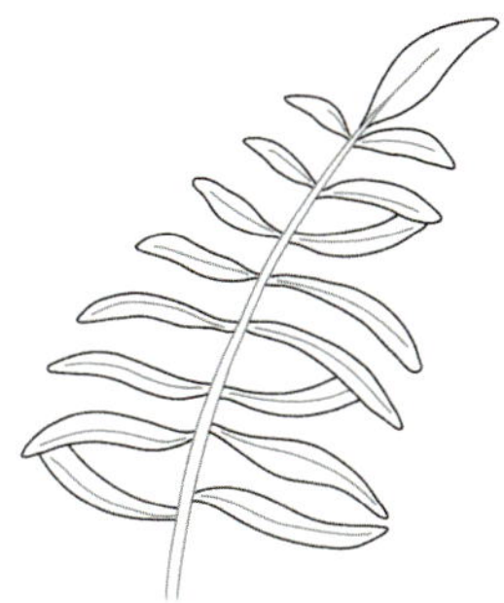

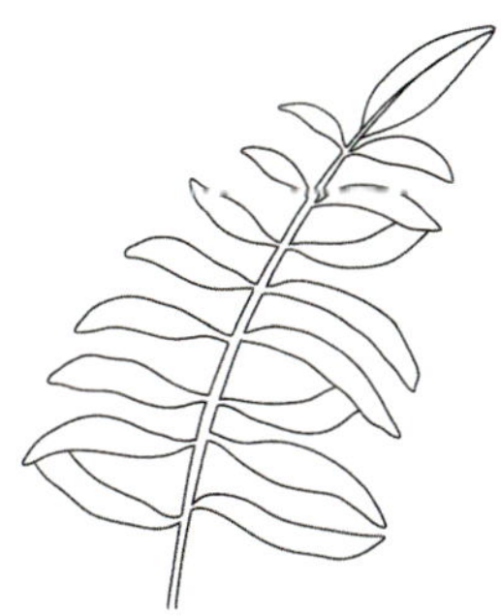

5. Zeichne jetzt die Außenkonturen mit dem dickeren Fineliner nach. Zum Schluss bekommen die kleinen Palmenblätter noch je eine Blattader, die vom Hauptstiel ausgeht und so wie die Hilfslinie verläuft, die du am Anfang gezeichnet hast. Diese Blattadern bestehen aus zwei parallelen Linien, die an der Spitze zusammenlaufen. Du solltest sie mit dem dünneren Fineliner ziehen. Anschließend lässt du deine Zeichnung trocknen und radierst danach noch vorhandene Bleistiftlinien weg. Fertig ist dein Palmenblatt.

5.

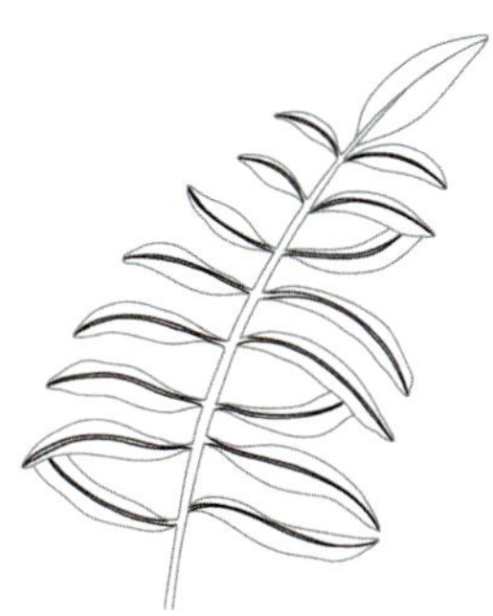

Bananen-
blatt

Für noch mehr tropische Vibes in deiner Komposition gesellt sich nun zum Palmenblatt noch das Bananenblatt.

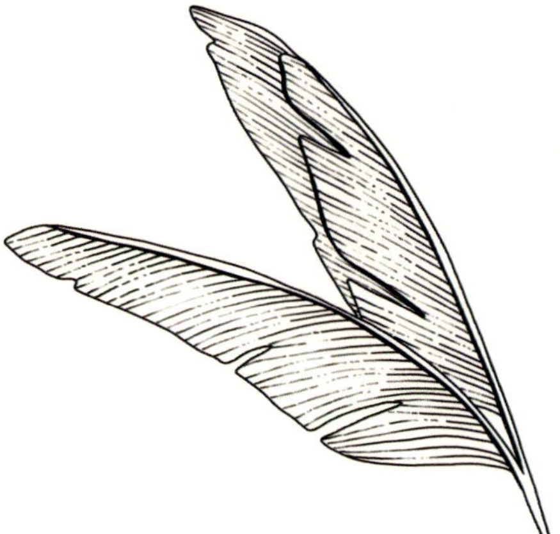

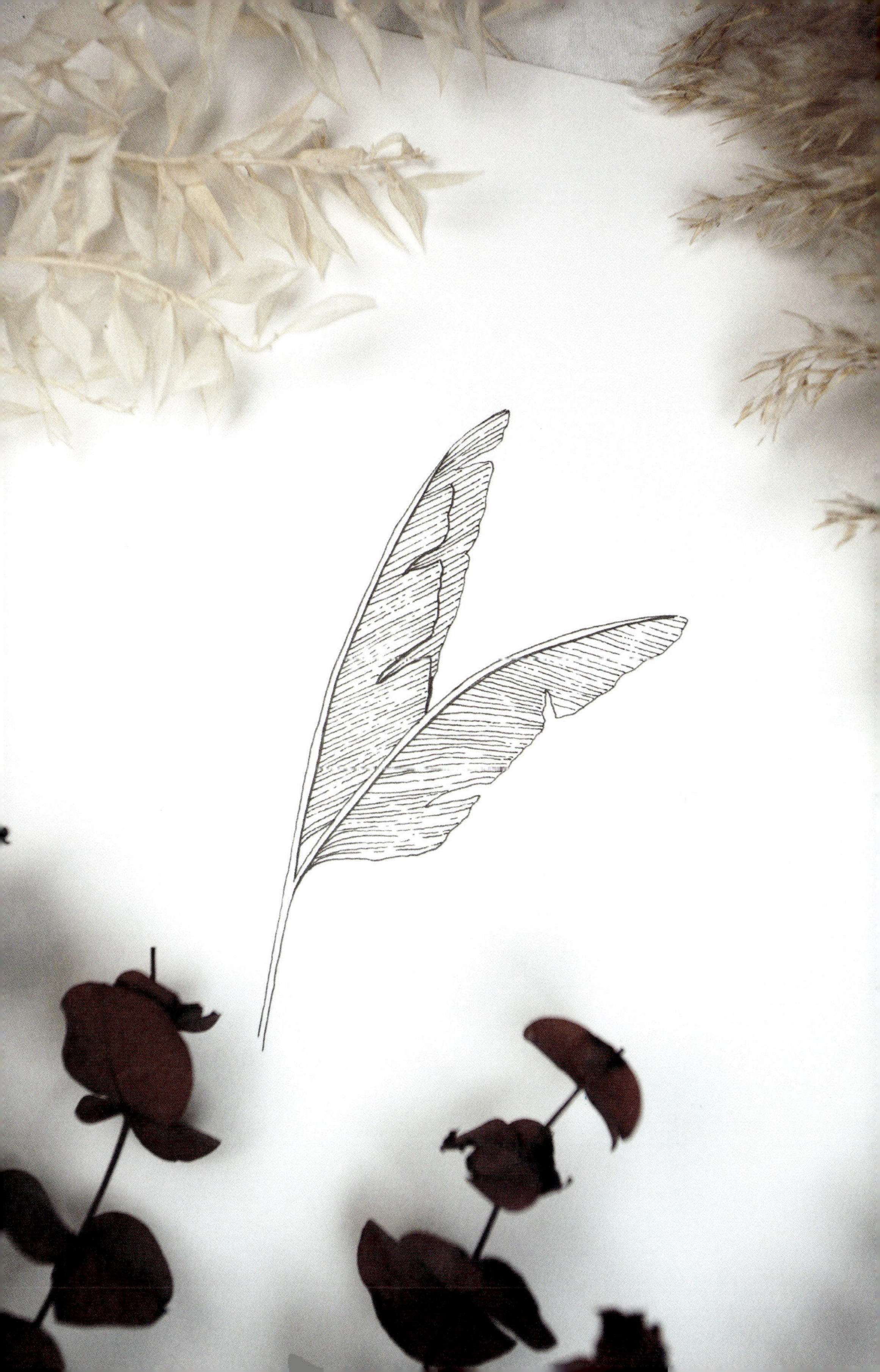

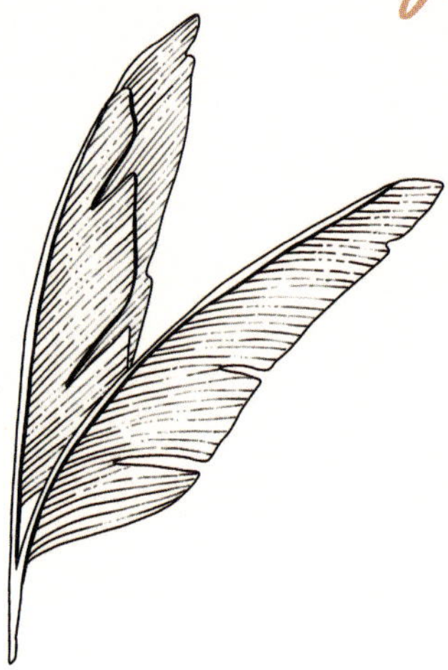

Schwierigkeitsgrad

Materialien

- Druckbleistift HB
- Radiergummi
- Fineliner 03
- Fineliner 01

1. Beginne damit, zwei gebogene Linien zu zeichnen, die sich am unteren Ende aneinanderschmiegen. Sie bilden die Mittelrippen deiner Blätter.

1.

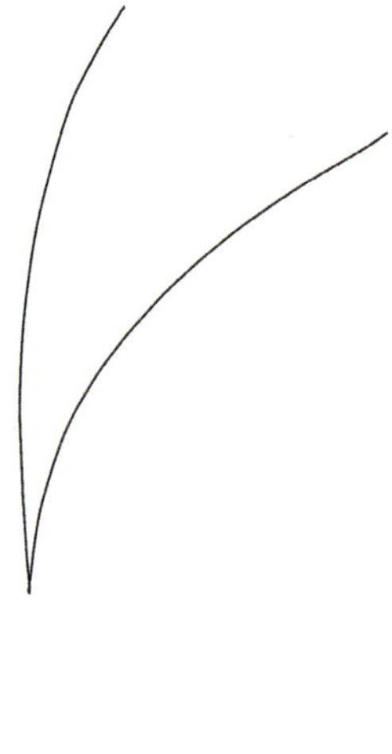

2. Als Nächstes markierst du die Außenlinien der Blätter jeweils rechts von deinen gebogenen Linien. Die Form der Bananenblätter beginnt am Ansatz relativ schmal, wird dann schnell breit und läuft nach obenhin zu einer Spitze aus, die einer Haifischflosse ähnelt. In eines der Blätter kannst du eine zweite Linie zeichnen, dann wirkt es, als wären die Hälften deines Blattes nicht gleich groß, wodurch man die hintere Seite sehen kann.

Tipp: Beginne mit dem Blatt, das im Vordergrund ist, und zeichne dann das zweite direkt daran.

2.

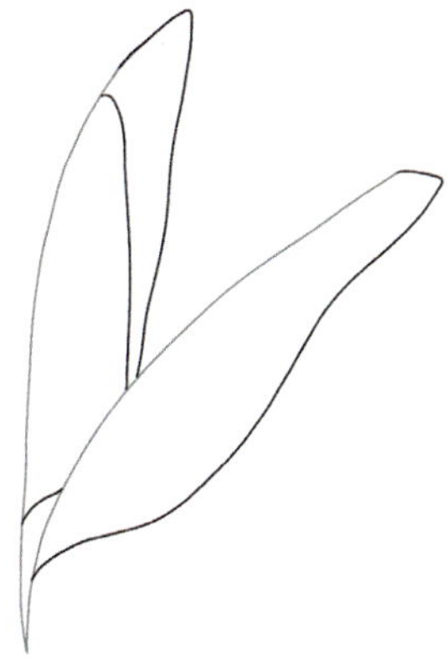

3. Bananenblätter haben, ähnlich wie die Monstera-Pflanze, Einkerbungen an den Blatträndern. Zeichne zwei bis drei Einkerbungen pro Blatt ein und variiere dabei in der Größe und Position. Denke daran, dass du an dem Blatt, an dem man die andere Blatthälfte ebenfalls sieht, auch eine oder zwei Einkerbungen einzeichnest.

3.

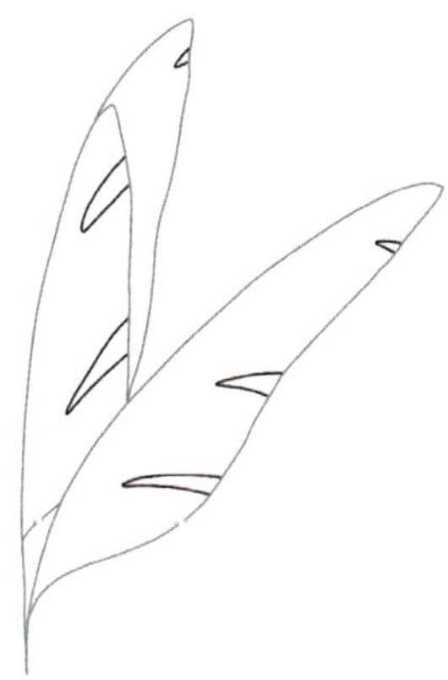

4. Nun kannst du die Mittelrippen deiner Blätter nach links verdicken, indem du eine zweite Linie neben die erste zeichnest und beide Linien zur Spitze hin zusammenlaufen lässt.

Ab jetzt kannst du den Bleistift zur Seite legen und mit dem dickeren Fineliner weiterzeichnen. Zeichne alle Linien nach und achte darauf, die Lücken am Ende der Einkerbungen frei zu lassen. Lass die Farbe gut trocknen und radiere anschließend deine Bleistiftlinien weg.

4.

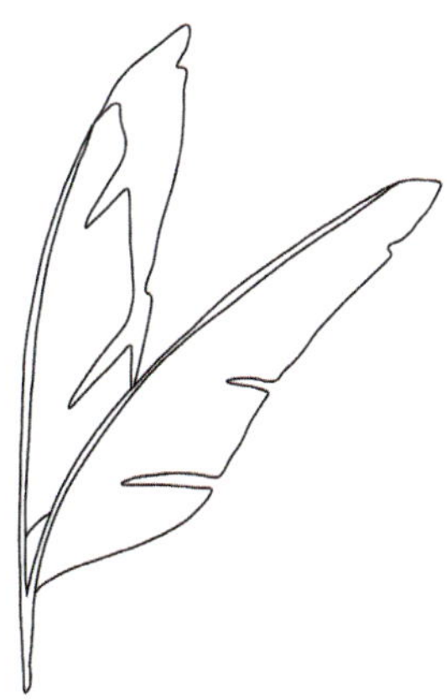

5. Nun folgen die Details. Zeichne mit dem dünneren Fineliner parallel zur unteren Blattkante durchbrochene Linien, die jeweils von der Mittelrippe zur Außenkante des Blatts laufen. Sie sollten sich auch in etwa an die Ausrichtung der Einkerbungen anpassen. Überziehe mit diesen Linien in dichten Abständen die kompletten Blätter. Achte an dem Blatt, an dem man die hintere Blatthälfte ebenfalls sehen kann, darauf, dass die Linien der beiden Blatthälften etwas versetzt zueinander liegen. Besonders schön wirkt es, wenn einige der Linien kleine Lücken haben, diese entstehen, wenn du praktisch mit deinem Stift über dem Papier schwebst.

5.

6. Um den Blättern noch mehr Tiefe zu verleihen, setzt du jetzt Schatten. Dafür ziehst du rechts von deinen Mittelrippen, direkt neben der ersten Linie, die du gezeichnet hast, eine zweite. An dem Blatt, an dem man die hintere Blatthälfte sieht, ziehst du außerdem direkt rechts neben der kleineren, vorderen Blatthälfte die nach unten verlaufenden Konturen nach. Fertig ist dein Bananenblatt.

6.

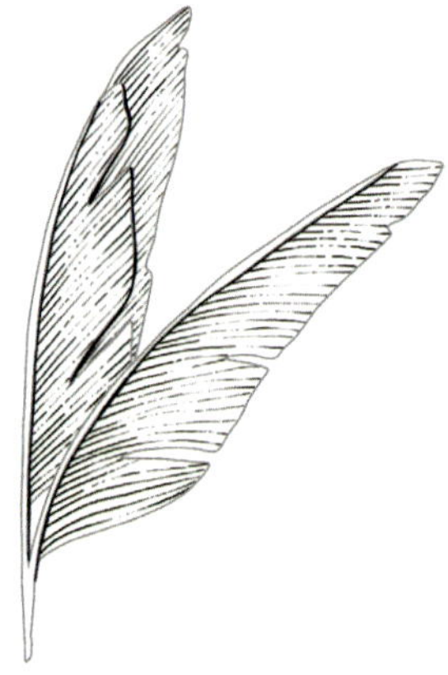

Monstera

Die Monstera ist wohl eine der bekanntesten Zimmerpflanzen. Sie hat herzförmige Blätter und ist als Standalone ein echter Hingucker, bildet aber ebenfalls eine wunderbare Ergänzung in einem Blumenbouquet.

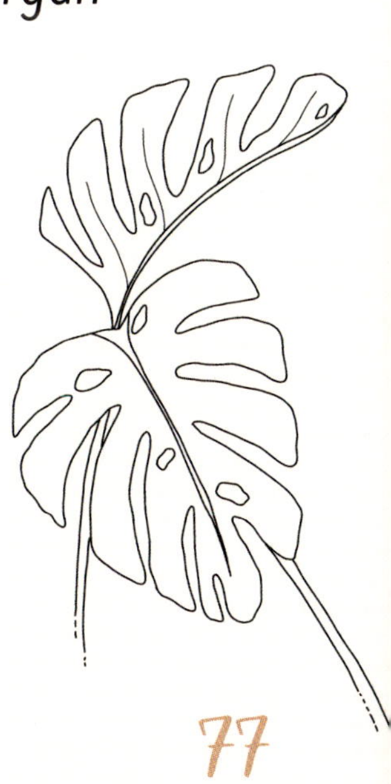

Schwierigkeitsgrad

Materialien

- Druckbleistift HB
- Radiergummi
- Fineliner 03
- Fineliner 01

1. Zeichne zuerst die herzförmige Form eines Blatts. Darüber zeichnest du einen zweiten Umriss, bei dem man das Blatt von der Seite sieht. Hier wechselt die Form, sie sieht ein bisschen aus wie der Schlägerkopf eines Golfschlägers.

1.

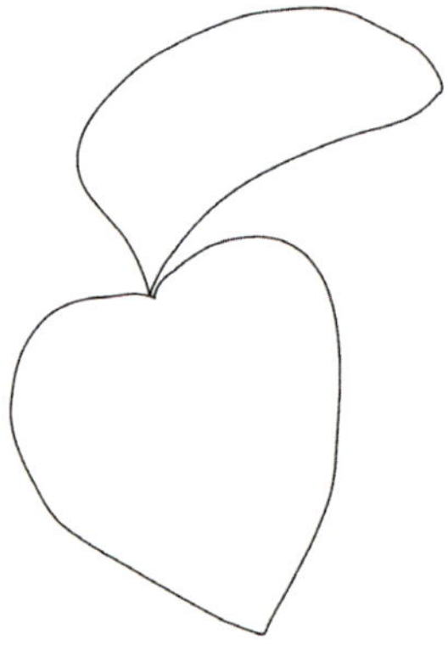

2. Nun kannst du die typischen Einkerbungen an beiden Blättern einzeichnen. Die Einkerbungen an der Blattbasis und der Spitze sind dabei deutlich kürzer als die in der Mitte. Die mittleren Einkerbungen reichen bis dicht an die Mitte des Blatts.

3. Zeichne nun die Mittelrippen der Blätter. An dem seitlich gezeigten Blatt zeichnest du dafür eine zweite Linie unterhalb der unteren Außenlinie des Blatts und lässt die Linie kurz vor der Blattspitze zur ersten Linie hin auslaufen. Am herzförmigen Blatt zeichnest du die Mittelrippe mit zwei Linien, die oben in der „Herzmitte" mit etwas Abstand zueinander beginnen und in etwa ein Dreieck bilden. Im weiteren Verlauf liegen die Linien fast parallel und laufen ein Stückchen vor dem Blattende zusammen.

4. In die einzelnen Blattabteile, die durch die Einkerbungen entstanden sind, ziehst du jetzt an dem seitlich gezeichneten Blatt feinere Blattadern ein. Neben den Einkerbungen haben die Monstera-Blätter auch Löcher. Zeichne pro Blatt drei bis vier Löcher ein.

5. Zum Schluss ziehst du einmal alle Konturen mit dem dickeren Fineliner nach, nur die feineren Blattadern zeichnest du mit dem dünneren Fineliner nach. Nach dem Trocknen radierst du noch die Bleistiftlinien weg. Fertig sind deine Monstera-Blätter.

2.

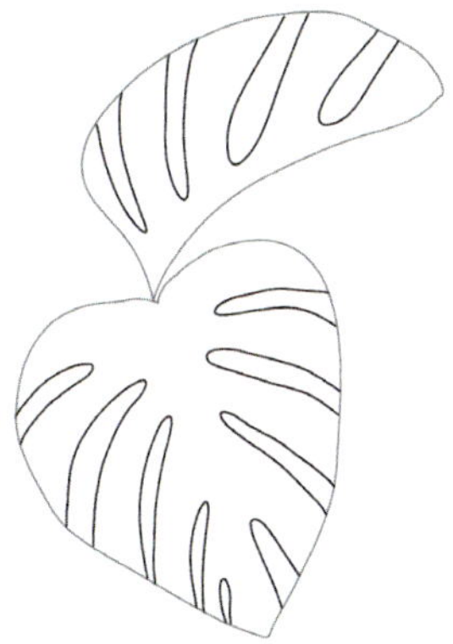

3.

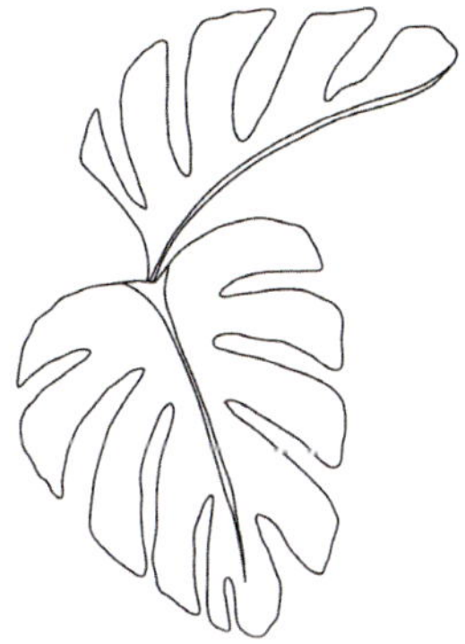

4.

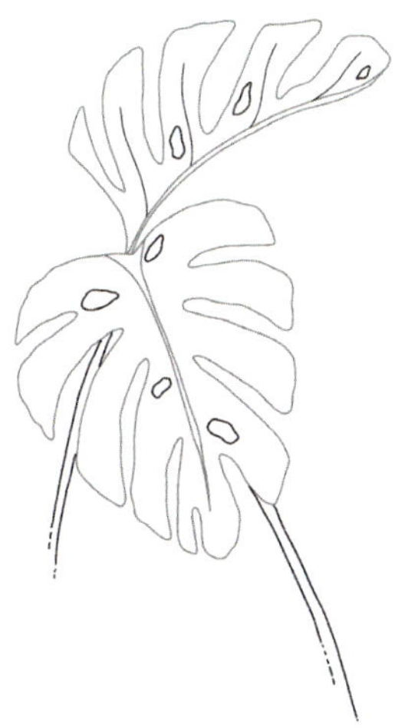

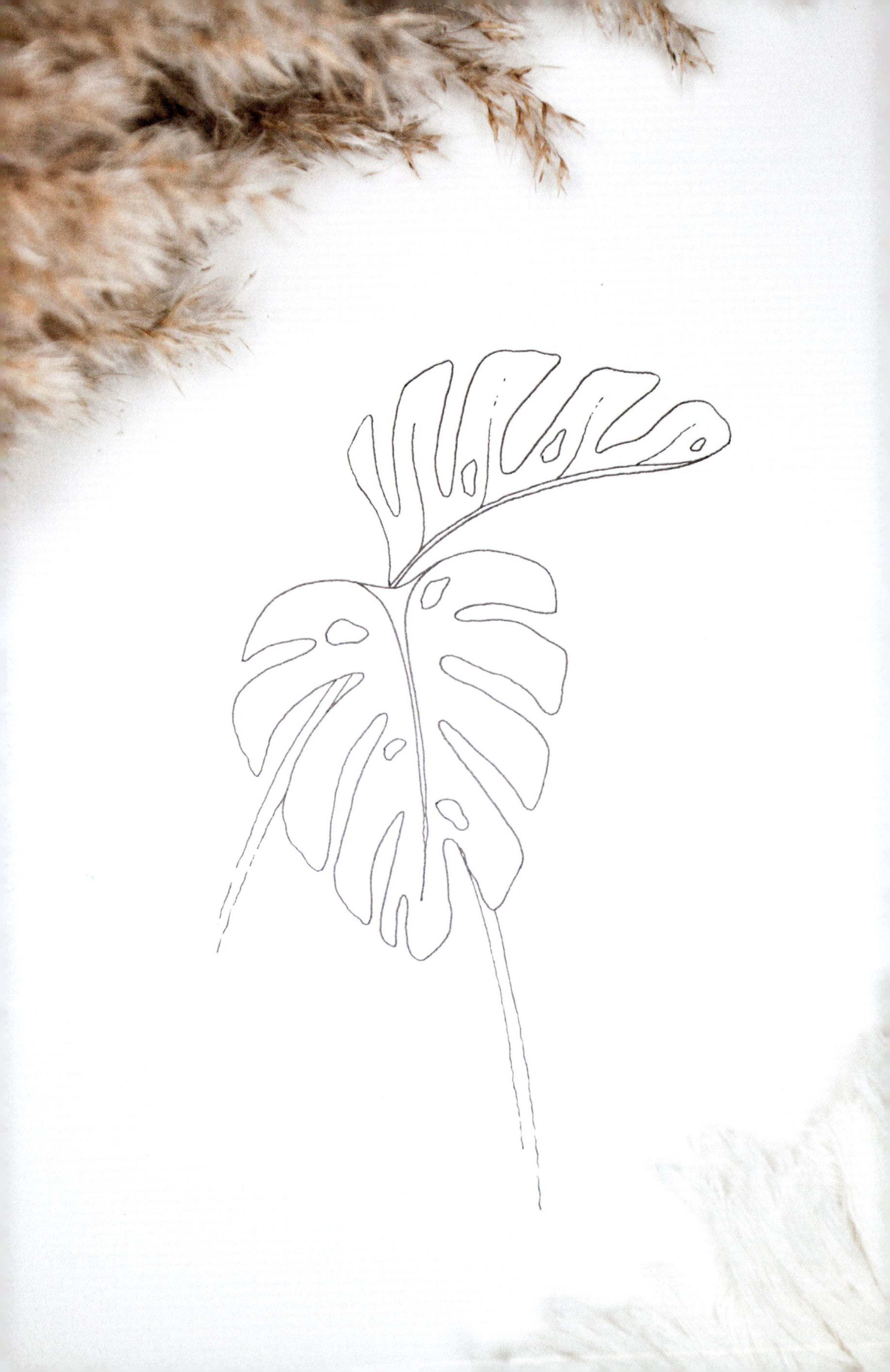

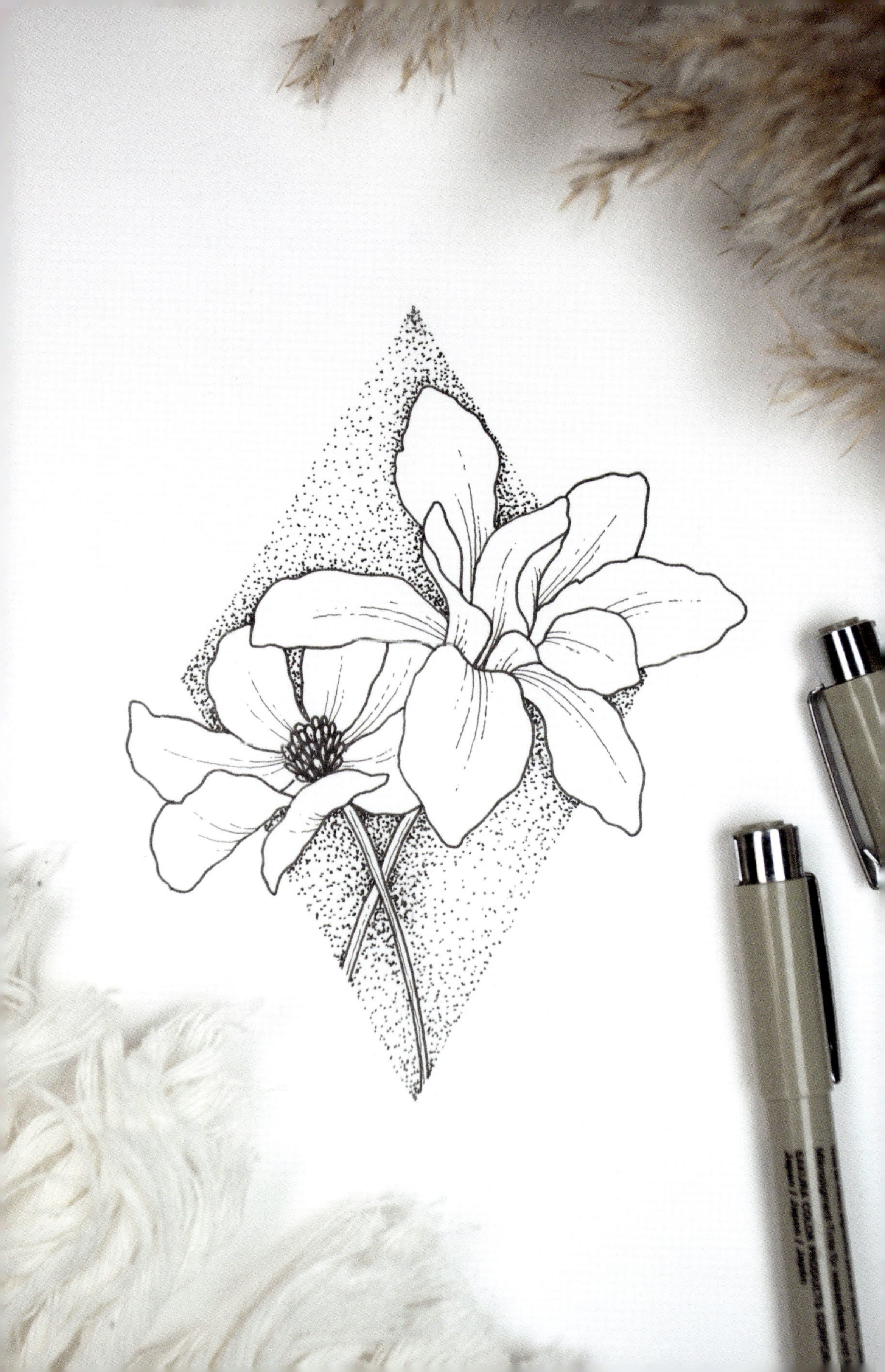

Blumen-komposition

Nachdem du die Herausforderung gemeistert hast, einzelne Blumen zu zeichnen, gehen wir jetzt einen Schritt weiter. Ich habe hier eine Komposition aus zwei Blumen mit geometrischen Formen kombiniert. Diese Art von Motiv eignet sich sehr gut für Karten oder – etwas größer gezeichnet – als Wandschmuck.

Schwierigkeitsgrad

Materialien

- Lineal
- Druckbleistift HB
- Radiergummi
- Fineliner 03 und 01

1. Zeichne mit einem Bleistift eine hochstehende Raute. Da du gleich zwei Blüten in die Raute setzen wirst, solltest du sie nicht zu klein zeichnen.

1.

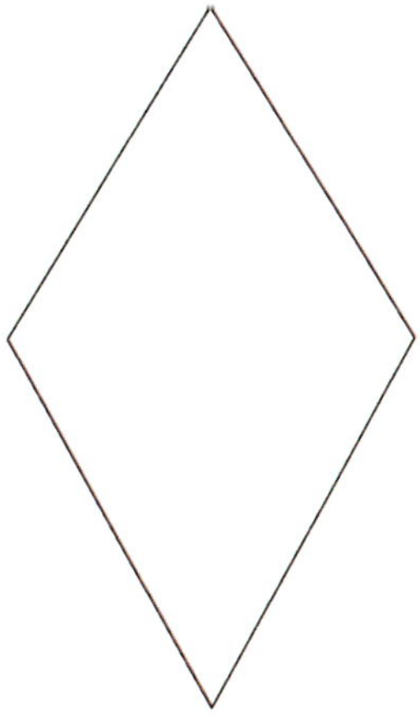

2. Jetzt platzierst du mithilfe von ovalen Formen deine beiden Blumen. Markiere die Ausrichtung deiner Blüten jeweils mit einem dünnen Pfeil.

3. Starte mit der rechten Blüte. Hierfür habe ich eine Magnolie ausgesucht. Da sie eine ausladende, große Blüte hat und in ihrer Form ganz besonders ist, eignet sie sich hervorragend als Blickfang. Setze zuerst ein Kreuz als Ausgangspunkt für die Blütenblätter und zeichne von dort aus vier gebogene Linien, um die erste Blattreihe zu markieren.

4. Die gerade gezeichneten Linien liegen jeweils in der Blattmitte. Zeichne die ersten Blütenblätter um diese Linien herum. Dabei sind die beiden seitlichen etwas kürzer als die, die vorne und hinten entstehen. Mit sechs weiteren gebogenen Linien, deren Ursprung jeweils seitlich an den Blättern der ersten Reihe liegt, markierst du die Mittellinien der Blätter der zweiten Blattreihe.

2.

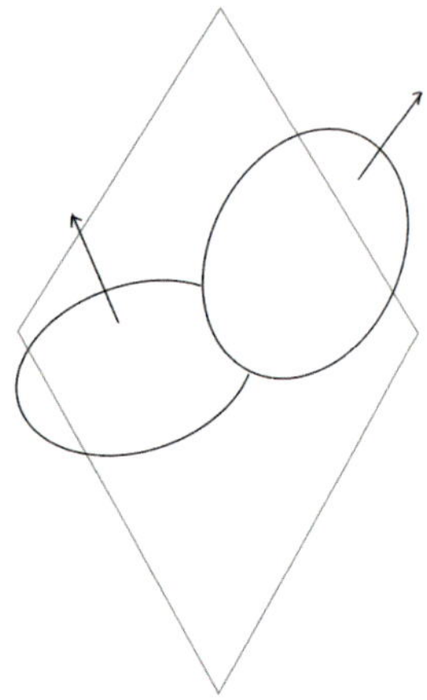

3.

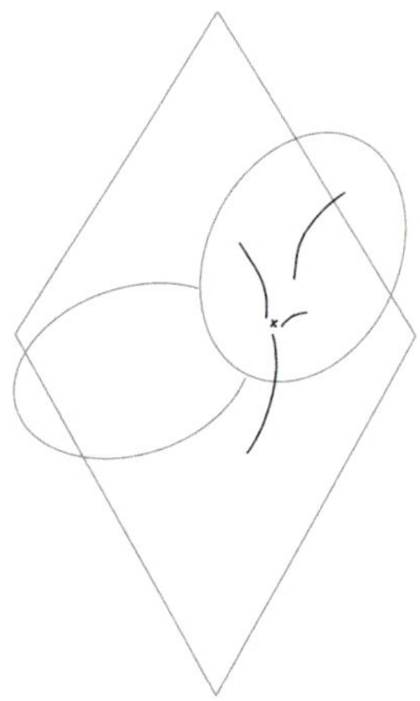

4.

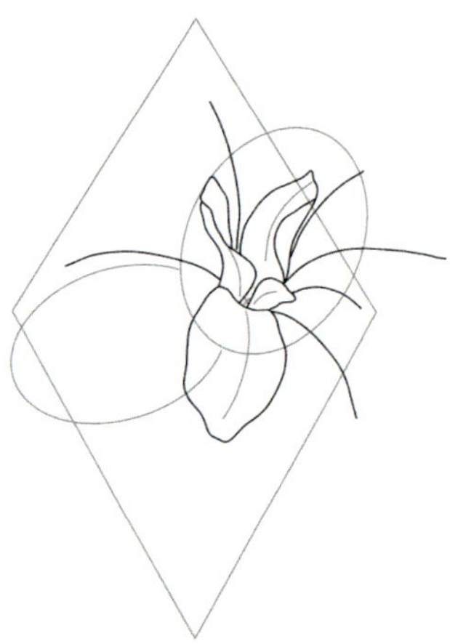

5. Die Ansätze dieser Blätter sieht man nicht, da sie von der ersten Reihe verdeckt werden. Starte daher am Ansatz nicht ganz so schmal wie bei den Blättern der ersten Reihe. Da du hier eine geöffnete Magnolie zeichnest, die viel Raum einnimmt, dürfen die Blätter in der zweiten Reihe ruhig einigen Abstand zueinander haben. Dadurch erhält die Blüte ihre Leichtigkeit.

5.

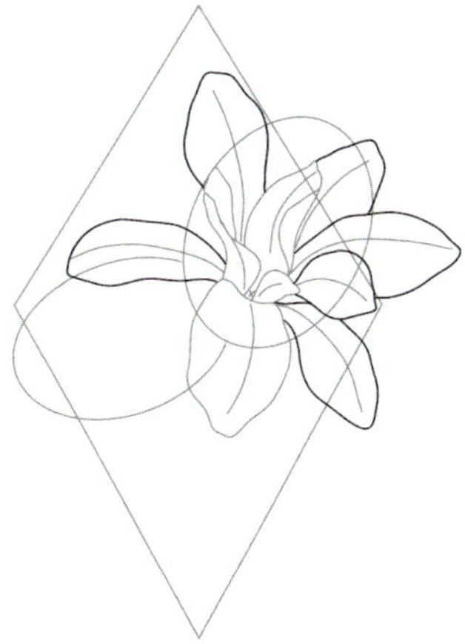

6. Als eher schlichteren Gegenpart zur Magnolie habe ich mich auf der linken Seite für die Cosmea entschieden. Die Blüte der Cosmea ist groß genug, um neben der Magnolie nicht unterzugehen, und verhindert gleichzeitig durch ihren schlichten Aufbau, dass die Komposition überladen wird. Die Cosmea wird in diesem Bild teilweise von der Magnolie verdeckt. Beginne damit, dass du einen kleinen Kreis zeichnest, der den Blütenstempel der Cosmea bilden wird. Zeichne von diesem Kreis aus nach oben gebogene Linien für die Blütenblätter. Nur die Linie für das vordere Blütenblatt ist nach unten gebogen. Achte bei allen Linien auf die Ausrichtung deiner Blüte.

6.

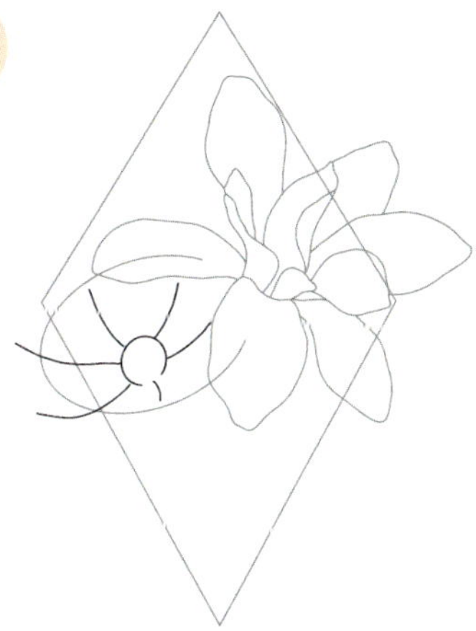

7. Anschließend kannst du die Blütenblätter formen. Diese beginnen nicht ganz so schmal am Blütenstempel wie andere Blüten, werden dann breiter und enden relativ flach. Damit bildet auch die Form der Blütenblätter einen guten Kontrast zu den eher spitzen Blütenblättern der Magnolie. Die beiden Blätter im Vordergrund sind nach oben gewölbt und leicht nach unten links geneigt. Um das darzustellen, zeichnest du zwei unterschiedlich dicke halbkreisartige Formen mit welligen Kanten.

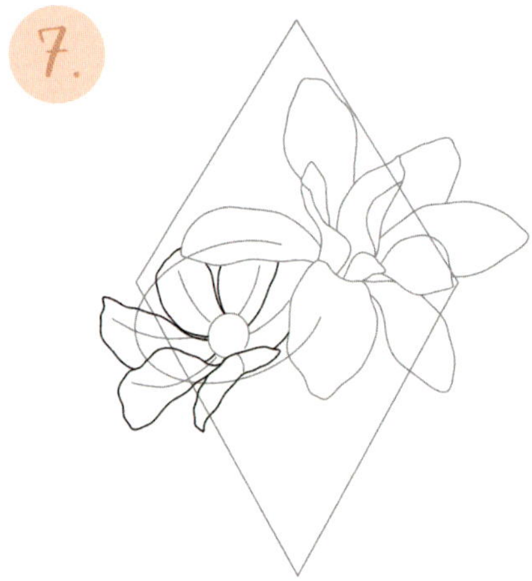

8. Da die Cosmea teilweise von der Magnolie verdeckt wird, sieht man die Enden der meisten Blätter auf der rechten Seite nicht. Diese Blätter bestehen lediglich aus Linien zwischen der Blütenmitte der Cosmea und der Außenkante des vorderen Blatts der Magnolie.

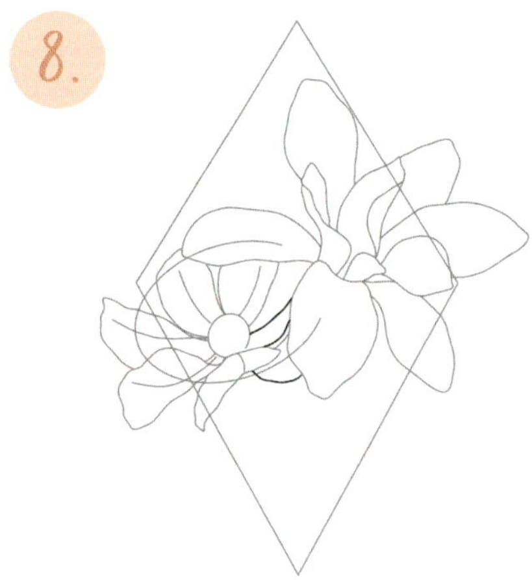

9. Mit dem dickeren Fineliner kannst du nun die Konturen der Blüten und die Raute nachzeichnen. Achte darauf, dass die Raute an einigen Stellen durch die Blütenblätter verdeckt und unterbrochen wird, und zeichne den Blütenstempel der Cosmea nicht ganz rund, sondern mit einer etwas welligen Linie. Lass das Ganze gut trocknen und radiere anschließend deine Hilfslinien und Vorzeichnungen vorsichtig weg.

9.

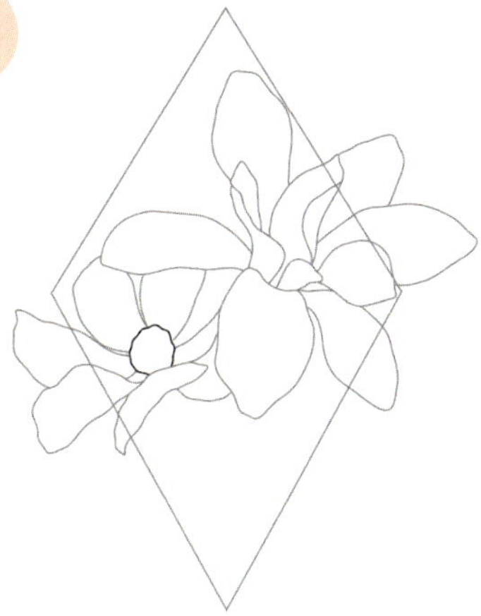

10. Anschließend füllst du den Blütenstempel mit vielen eng aneinanderliegenden und in die Höhe gezogenen Bogen, die du mit dem dünneren Fineliner zeichnest. Die Bogen können ruhig unterschiedlich groß sein und in unregelmäßigen Abständen gezeichnet werden. Sie geben dem Blütenstempel die typische unebene Struktur. Orientiere dich bei der Ausrichtung an der Kreisform.

Ebenfalls mit dem dünneren Fineliner ergänzt du an den Blütenblättern noch ein paar Detaillinien. Zeichne je Blatt zwei bis vier möglichst zarte Linien, die sich in der Ausrichtung am jeweiligen Blütenblatt orientieren.

10.

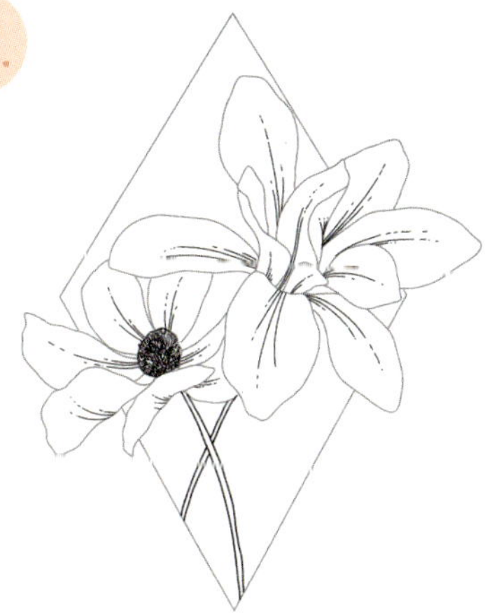

Jetzt fehlen nur noch die Stiele der Blumen, die du mit einem Bleistift vorzeichnen kannst. Die Stiele beginnen jeweils in der Blütenmitte und führen zur Raute. Dabei sind sie so gebogen, dass sie sich überlappen. Zeichne anschließend jeweils links und rechts von deiner Bleistiftlinie mit dem dickeren Fineliner die Stielkonturen.

Tipp: Als besonderes Highlight, kannst du deine geometrische Form noch mit Metallic-Farben oder Dotart füllen.

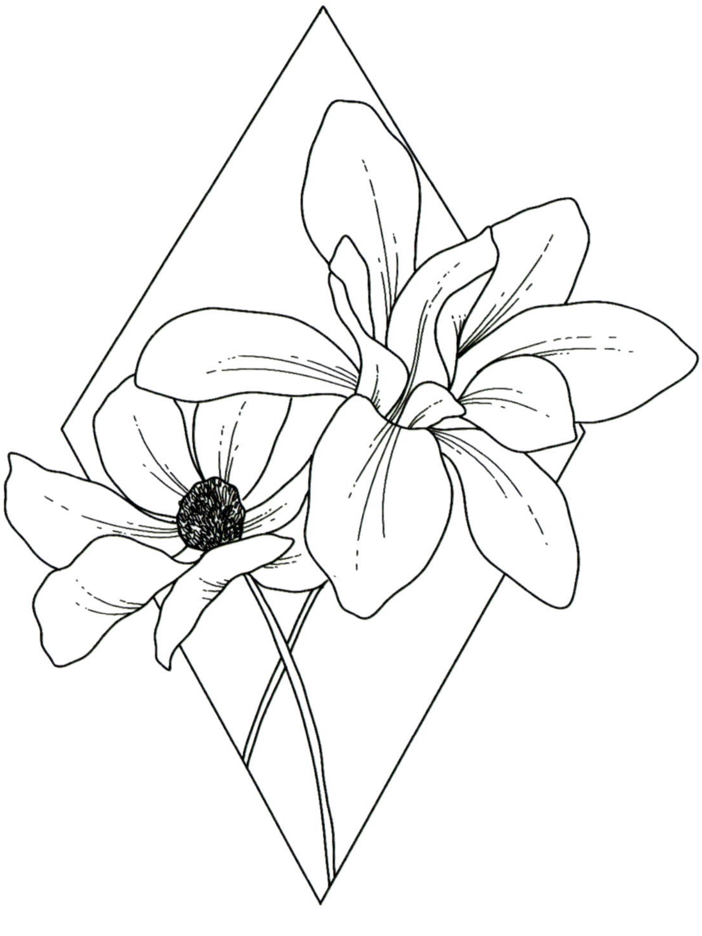

Libelle

Blumen lassen sich ganz wundervoll mit zarten Tieren, wie Schmetterlingen und Libellen, kombinieren. Geh den nächsten Schritt auf deiner Line-Art-Reise und versuch dich einmal an dieser Libelle.

Schwierigkeitsgrad

Materialien

- Druckbleistift HB
- Radiergummi
- Fineliner 03
- Fineliner 01
- Papier Canson Imagine

1. Beginne mit dem Körper der Libelle. Der Kopf ist bei der Libelle die breiteste Stelle, der Körper ist etwas schmaler und länglich und wird zum Ende hin noch schmaler. Du kannst zuerst die eine Seite des Körpers mit einer leicht unregelmäßigen Wellenlinie zeichnen und für die zweite Seite diese Linie an der Körpermitte gespiegelt noch einmal zeichnen.

1.

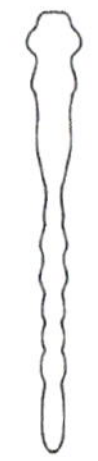

2. Nun verleihst du der Libelle Flügel. Pro Seite zeichnest du zwei Flügel, die direkt in der Körpermitte der Libelle ihren Ursprung haben. Ihre Form erinnert etwas an Blütenblätter, z. B. an die blattförmigen Ahornfrüchte. Lass die beiden oberen Flügel jeweils etwas nach oben gebogen verlaufen. Die unteren Flügel sind etwas größer und zeigen bogenförmig etwas nach unten.

2.

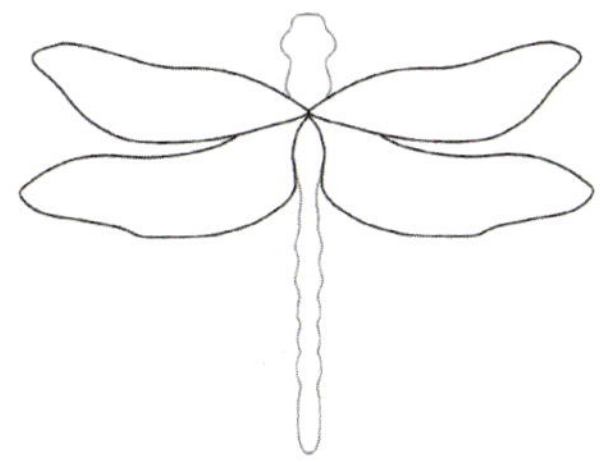

3. Die Flügel und der Libellenschwanz sollten mit Details versehen werden. Setze dafür feine Adern auf die Flügel deiner Libelle und gestalte den Schwanz beispielsweise mit einem einfachen Linienmuster.

3.

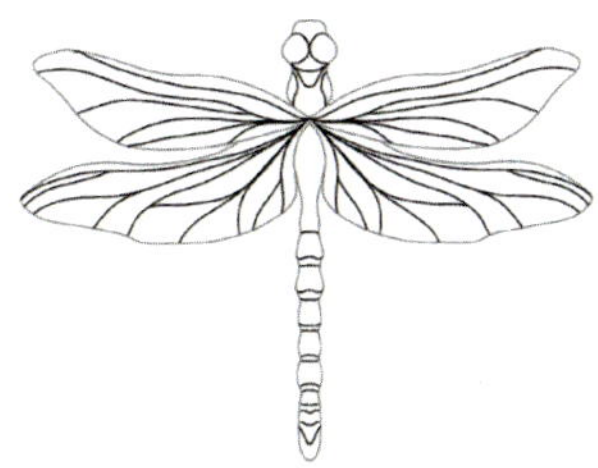

4. Ziehe einen Kreis um die Libelle. Solltest du einen Zirkel verwenden, lege dir ein mehrfach gefaltetes Taschentuch unter die Zirkelspitze, damit du kein Loch in deine Libelle stichst. Der Kreis ist deine Hilfslinie, um die Blüten und Blätter zu positionieren.

4.

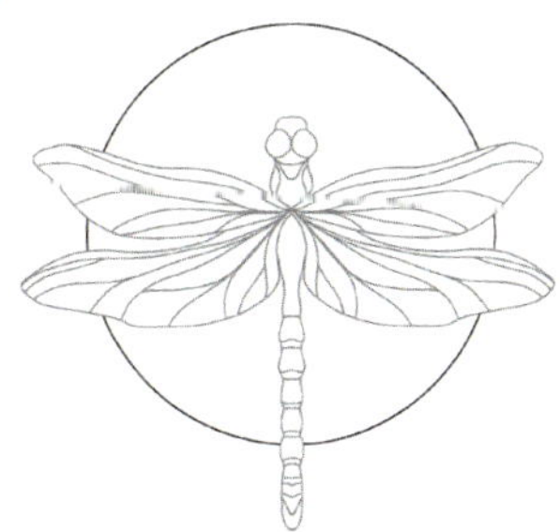

5. Zeichne zwei ovale Formen und markiere damit die Außenkanten der beiden Blüten. Da die Libelle schon sehr detailreich ist, reichen hier meiner Meinung nach zwei Blüten völlig aus. Anschließend kannst du die beiden angedeuteten Blüten mit einer in diesem Buch vorgestellten Blütenart füllen. Ich empfehle dir eine Blüte, die nicht zu viel Raum einnimmt. Außerdem würde ich eine der Blüten etwas kleiner zeichnen als die andere.

5.

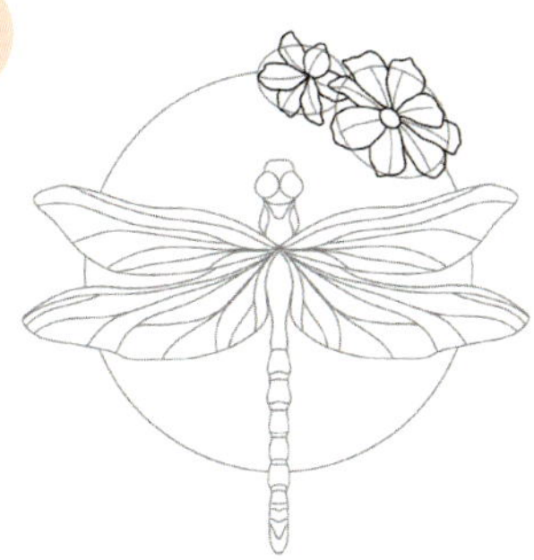

6. Anschließend skizzierst du feine Äste auf der Kreislinie, an denen du Mittelrippen mehrerer Blätter anzeichnest. Die Blätter müssen nicht zwingend die der jeweiligen Blume sein, du solltest allerdings bei einer Art Blatt bleiben. Lass die Blattrippen in verschiedene Richtungen laufen und verleihe ihnen durch den ein oder anderen „Knick“ mehr Dynamik.

6.

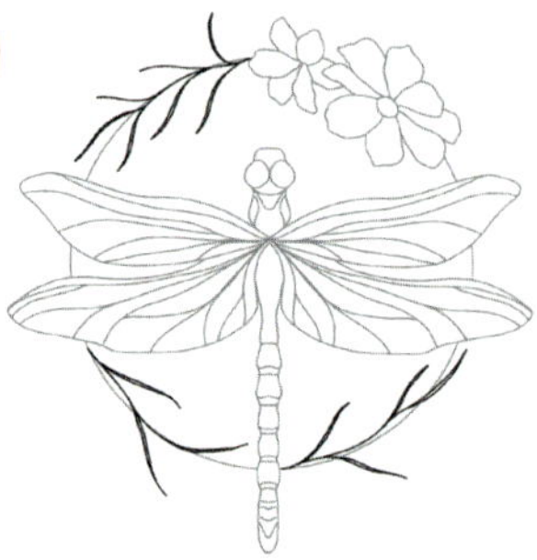

7. Zeichne noch die Blattformen um die Blattrippen.

7.

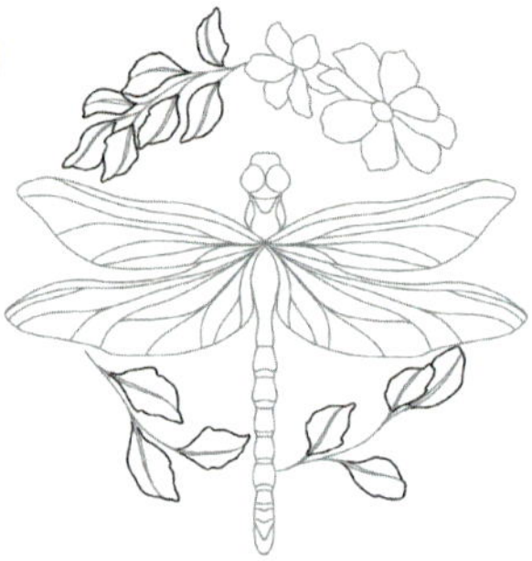

8. Zum Schluss ziehst du mit dem dickeren Fineliner die Outlines nach, lässt die Farbe gut trocknen und radierst anschließend deine Hilfslinien weg. Mit dem dünneren Fineliner kannst du die Blüten und Blätter mit Details versehen. Bei der Libelle kannst du auch mit Dotart arbeiten, um ihr noch mehr Tiefe zu verleihen.

Fertig ist deine erste Tier- und Blumenkombination.

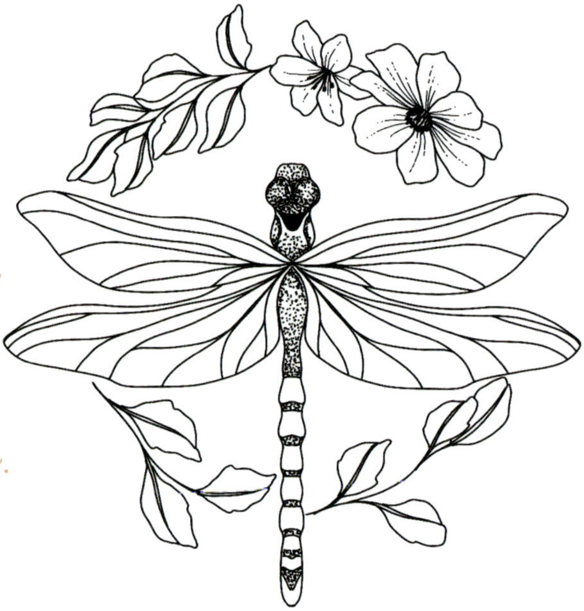

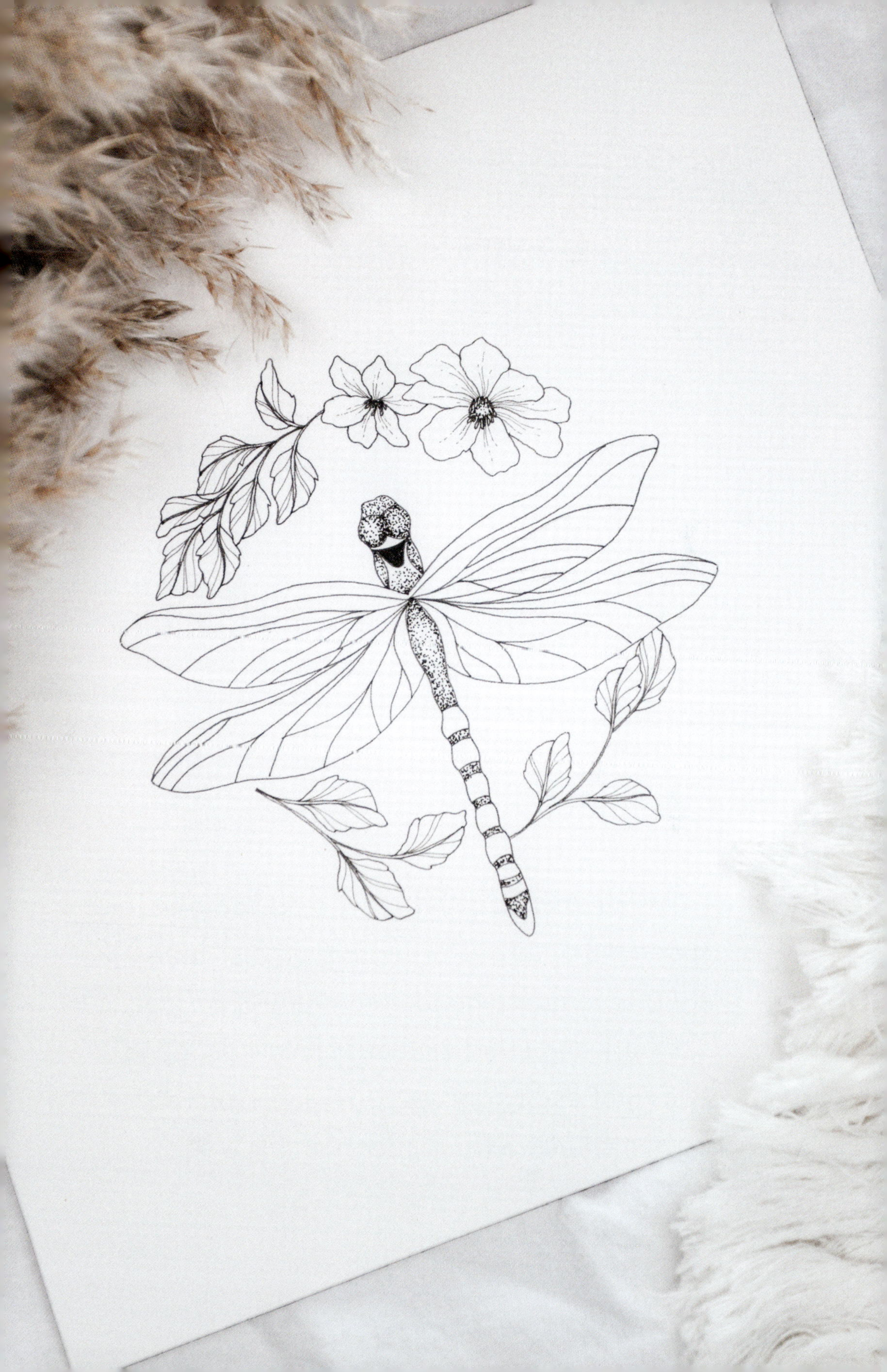

Blumen-bouquet

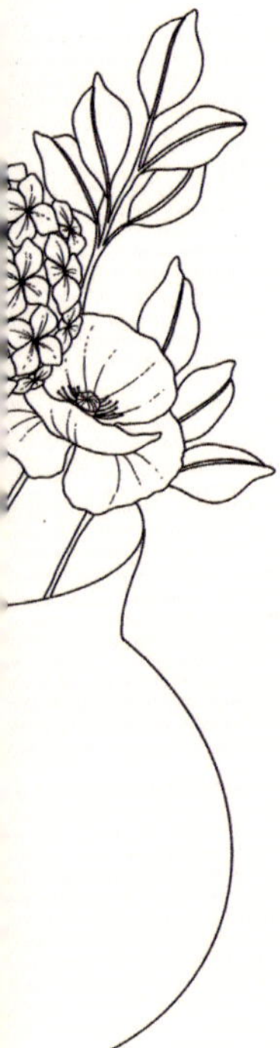

Das Blumenbouquet stellt dich vor eine spannende Herausforderung, da hier mehrere Blumen miteinander kombiniert werden. Der Aufwand lohnt sich auf jeden Fall, denn was gibt es Schöneres zu verschenken als einen Blumenstrauß, der niemals welkt?

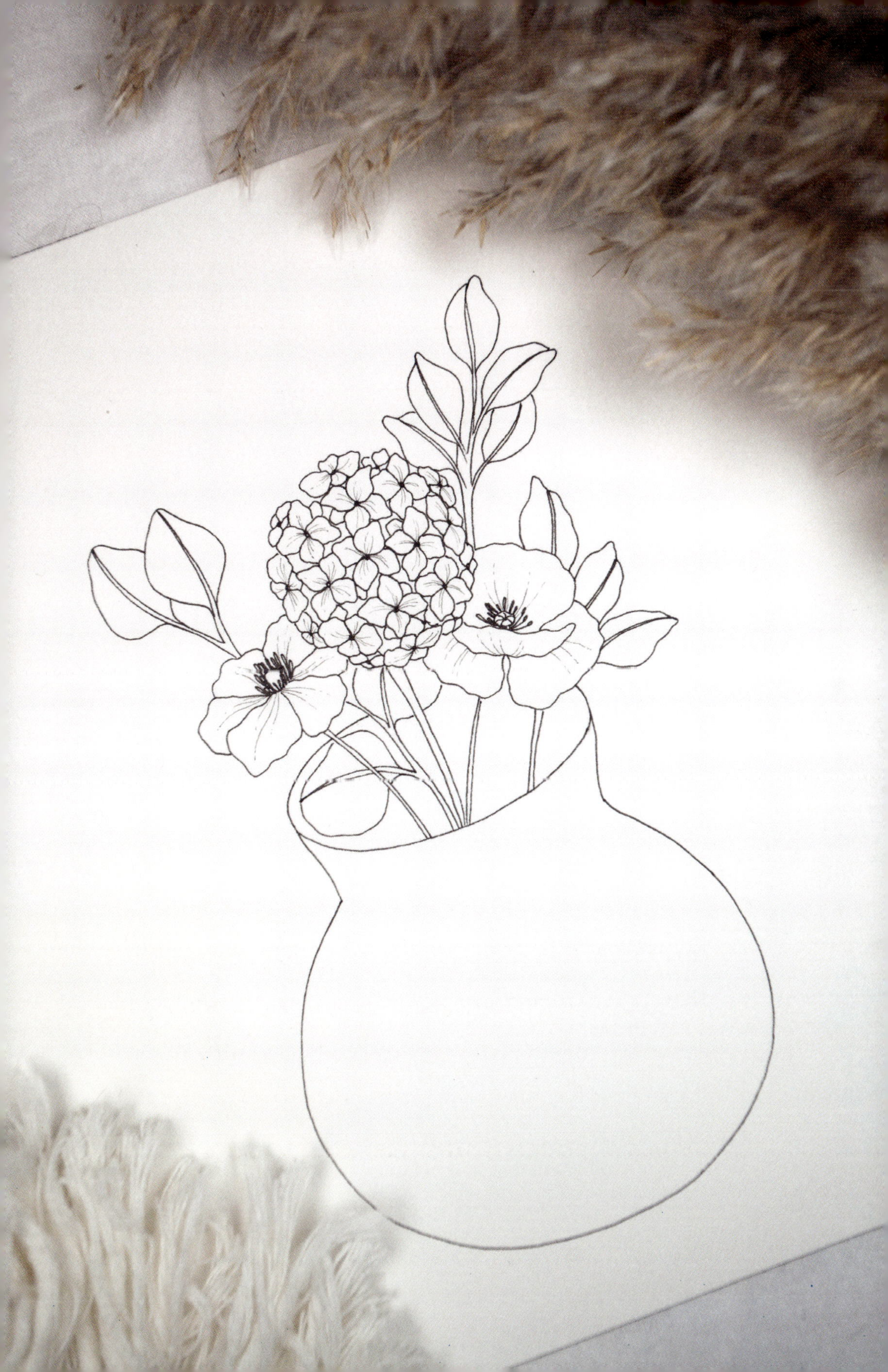

Schwierigkeitsgrad

◆◆◆

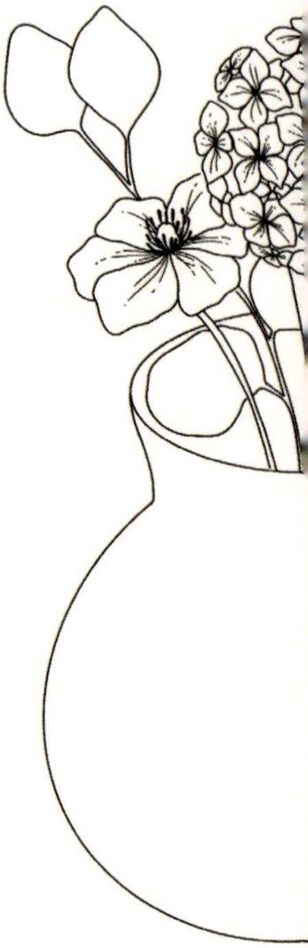

Materialien

- Druckbleistift HB
- Radiergummi
- Fineliner 03
- Fineliner 01

1\. Zeichne eine Ellipse als Öffnung der Vase. Setze die Öffnung am besten relativ mittig auf dein Papier.

1\.

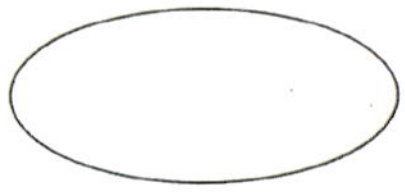

2\. Nun zeichnest du an beiden Seiten der Ellipse jeweils einen kurzen Strich nach unten. Diese beiden Linien bilden den Hals deiner Vase. Versuche deshalb, sie möglichst gleich lang zu zeichnen.

2\.

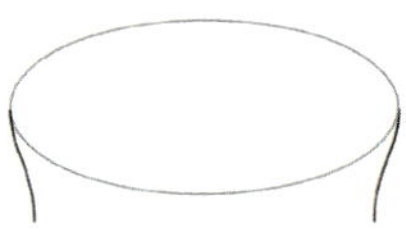

3. Darunter setzt du einen beinahe kreisförmigen Bogen für den Bauch der Vase. Am Boden der Vase lässt du die Linie dabei ein Stück gerade verlaufen.

4. Überleg dir, welche Blumen du in deinem Bouquet haben möchtest, und zeichne dir in entsprechender Größe der Blüten Kreise über die Öffnung deiner Vase. Bei meinem Bouquet habe ich mich für eine Hortensie (großer Kreis), eine Mohnblume (mittlerer Kreis) und eine Clematis (kleine Ellipse) entschieden. Wenn du möchtest, zeichne dir wieder Pfeile an die Kreise, um die Ausrichtung deiner Blüten zu markieren.

5. Beginne mit der größten Blüte, in diesem Fall also mit der Hortensie. Diese besteht aus vielen kleinen Blüten und für jede von ihnen setzt du einen Punkt in den Kreis. Von diesen Punkten aus ziehst du jeweils vier gebogene Linien, die zusammen kreuzähnlich aussehen. Achte darauf, dass die Bogen am Rand des Kreises flacher werden, da man die Blüten hier nur von der Seite sieht.

3.

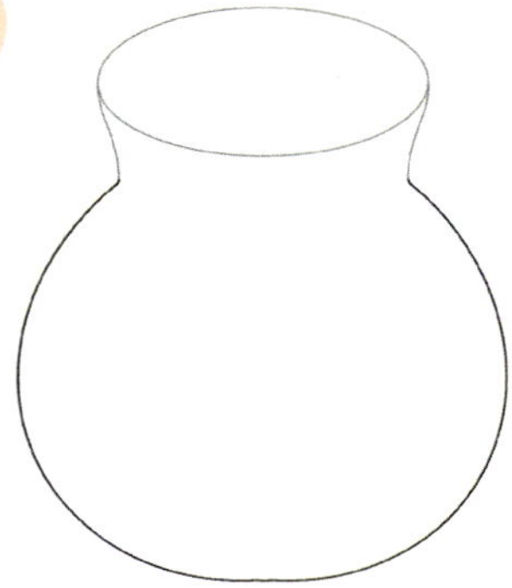

4.

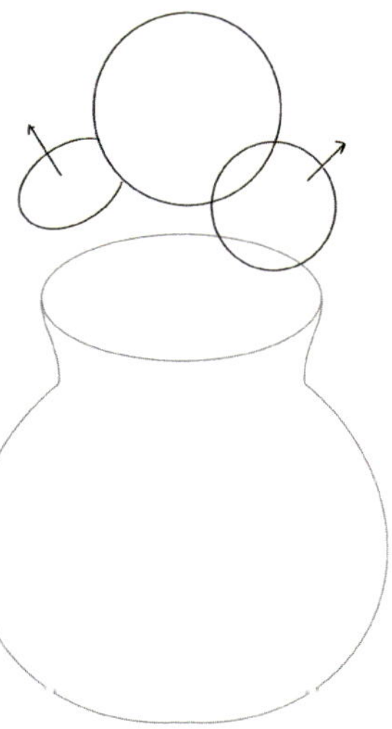

5.

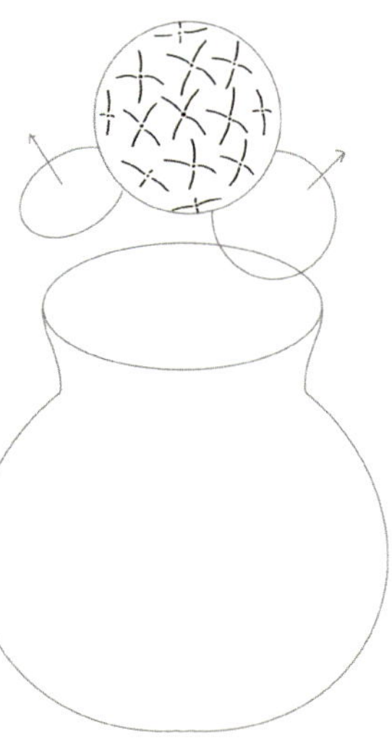

6. Jetzt kannst du die einzelnen Blütenblätter der kleinen Blüten ausarbeiten. Jeder gebogene Strich markiert die Mittellinie eines Blütenblatts. Zwischen den einzelnen Blüten bleibt kaum ein Freiraum, zeichne die Blütenblätter also gerne voluminös.

7. Solltest du noch zu große Zwischenräume zwischen deinen Blüten haben, kannst du weitere dazusetzen oder einzelne Blütenblätter hinter die vorhandenen Blüten malen, sodass es aussieht, als würden weitere Blüten verdeckt unter den anderen liegen.

Dann geht es mit der Mohnblume weiter. In ihren Kreis setzt du einen zweiten kleineren Kreis für den Blütenstempel. Anschließend kannst du, vom Blütenstempel ausgehend, eine kurze gebogene Linie nach unten und eine etwas längere gebogene Linie nach oben zeichnen. Diese markieren die Blattmitten der ersten beiden Blütenblätter. Das vordere Blütenblatt ist nach oben gewölbt und daher ist von ihm nur ein schmaler Streifen zu sehen. An den Seiten endet das vordere Blütenblatt spitz zusammenlaufend. Das hintere Blütenblatt setzt du wie gewohnt. Achte darauf, dass es etwas von dem Blütenstempel verdeckt wird, da Mohnblumen sehr ausladende Blütenblätter haben und ihre Basis unter dem Stempel liegt. Deute die beiden seitlichen Blütenblätter mit zwei nach unten gebogenen Linien an.

6.

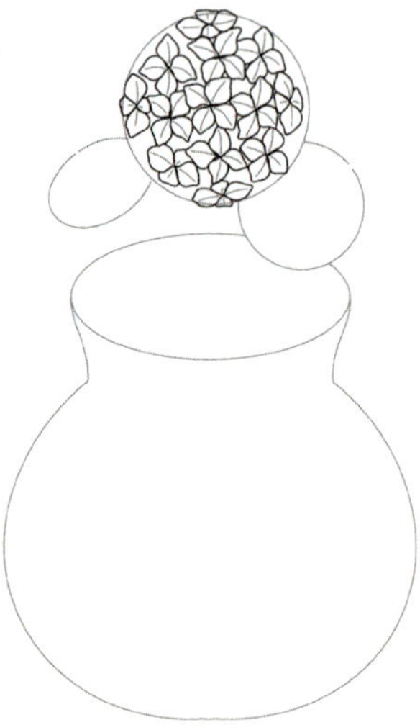

7.

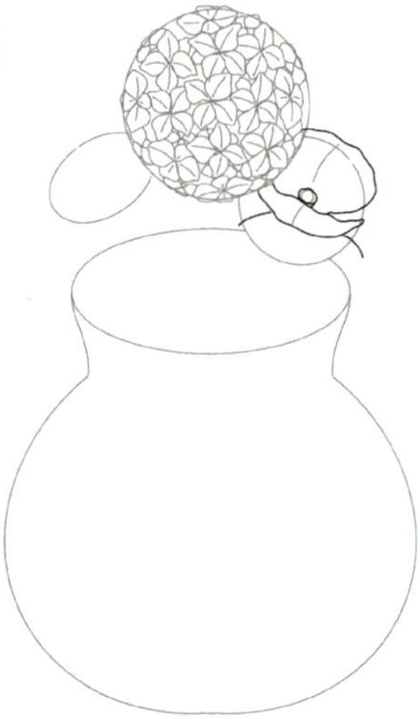

8. Zeichne dann die Blütenblätter um diese Linien herum. Das linke Blütenblatt wird teilweise von der Hortensie verdeckt, sodass du es am Hortensienrand enden lassen kannst. Für die Staubblätter zeichnest du zu beiden Seiten der Blütenmitte viele kleine Punkte, die du anschließend durch gebogene Linien mit dem Rand der Blütenmitte verbindest.

Die letzte Blume in diesem Bouquet ist die Clematis. Zeichne als Ausgangspunkt für die Blütenblätter der Clematis eine auf der Spitze stehende, leicht abgerundete Dreiecksform mittig in die Ellipse. Ausgehend von der Dreiecksspitze ziehst du nun sechs gebogene Linien, die die Ellipse gleichmäßig unterteilen.

9. Anschließend kannst du die Blütenblätter ausformen, die je nach Art der Clematis eher spitz oder abgeflacht verlaufen. Ich habe mich bei diesem Bouquet für eine etwas flachere Variante entschieden.

8.

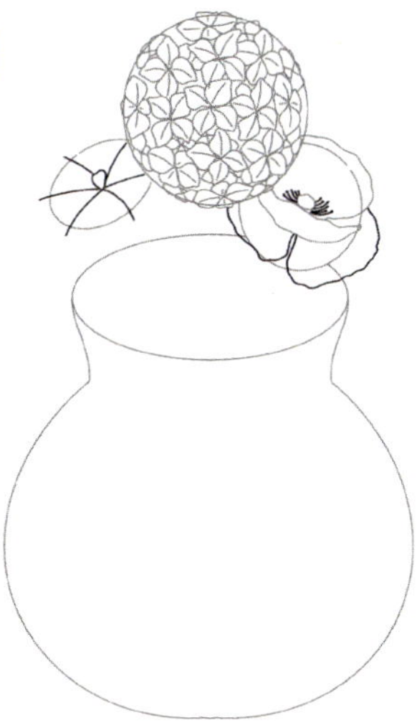

9.

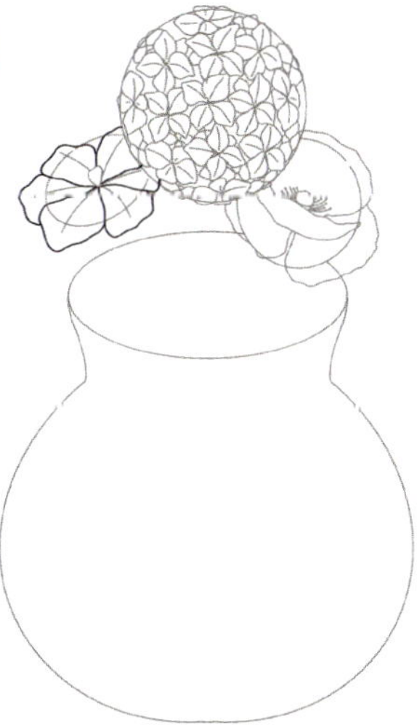

10. Für die Staubblätter zeichnest du wieder viele kleine Punkte, die du anschließend durch gebogene Linien mit dem Rand der Blütenmitte verbindest. Hier zeichnest du die Punkte allerdings nicht an den Seiten, sondern rund um die Blütenmitte.

11. Vom jeweiligen Mittelpunkt der Blumen aus ziehst du eine gebogene Linie bis zum vorderen Rand der Öffnung deiner Vase und setzt anschließend jeweils eine zweite direkt daneben. Den Stiel der Hortensie kannst du dabei etwas breiter zeichnen, der Stiel der Mohnblume sollte etwas schmaler sein.

10.

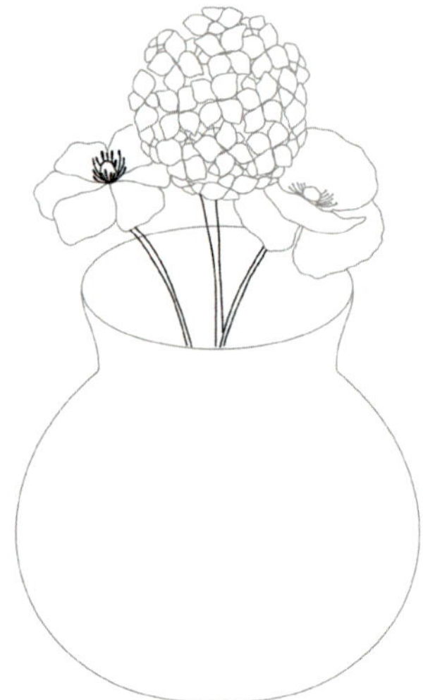

11.

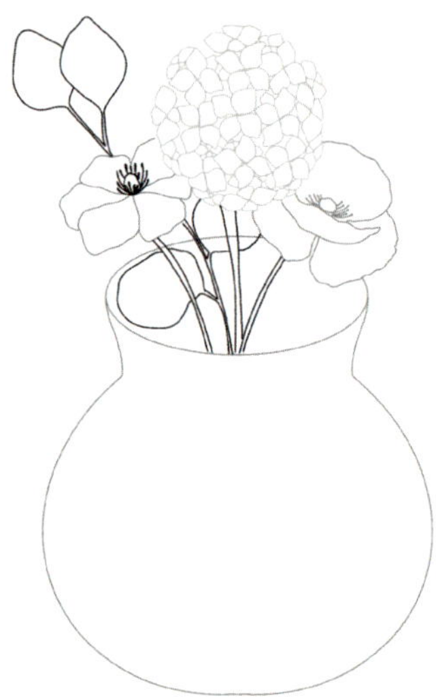

12. Wenn du möchtest, kannst du jetzt noch ein paar Zweige mit Blättern hinter den Blumen in der Vase arrangieren. Wenn für dich alles passt, fährst du die Konturen mit dem breiteren Fineliner nach und radierst, nachdem alles gut getrocknet ist, deine Hilfslinien weg.

12.

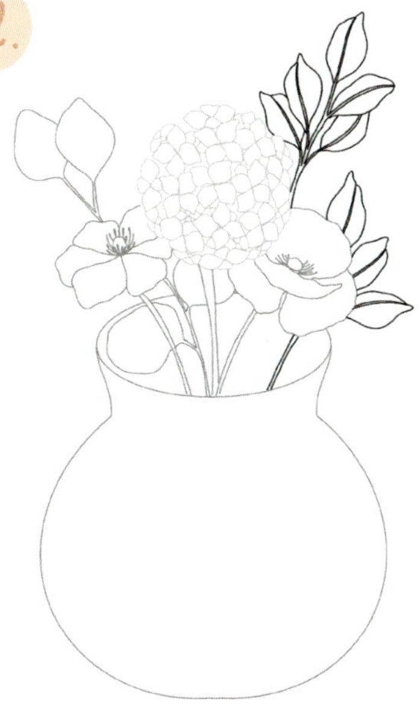

13. Zu guter Letzt ergänzt du mit dem dünneren Fineliner die Detaillinien in deinen Blütenblättern (und den grünen Blättern, falls du ein paar Zweige dazugezeichnet hast). Beachte dabei, wie auch schon bei den anderen blumigen Projekten in diesem Buch, die Ausrichtung des jeweiligen Blütenblatts und lass den Fineliner schön locker über das Papier gleiten.

Fertig ist dein zauberhafter und unvergänglicher Blumenstrauß!

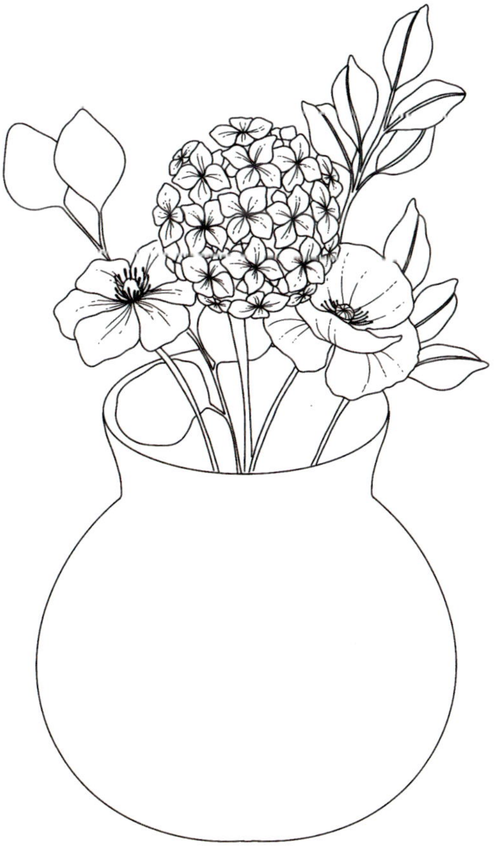

Florale Monogramme

Mit floralen Elementen verzierte Monogramme eignen sich hervorragend als individuelles Geschenk zu Hochzeiten, Geburtstagen oder Taufen. Wer florale Buchstaben verschenkt, verschenkt Freude, die nicht welken wird.

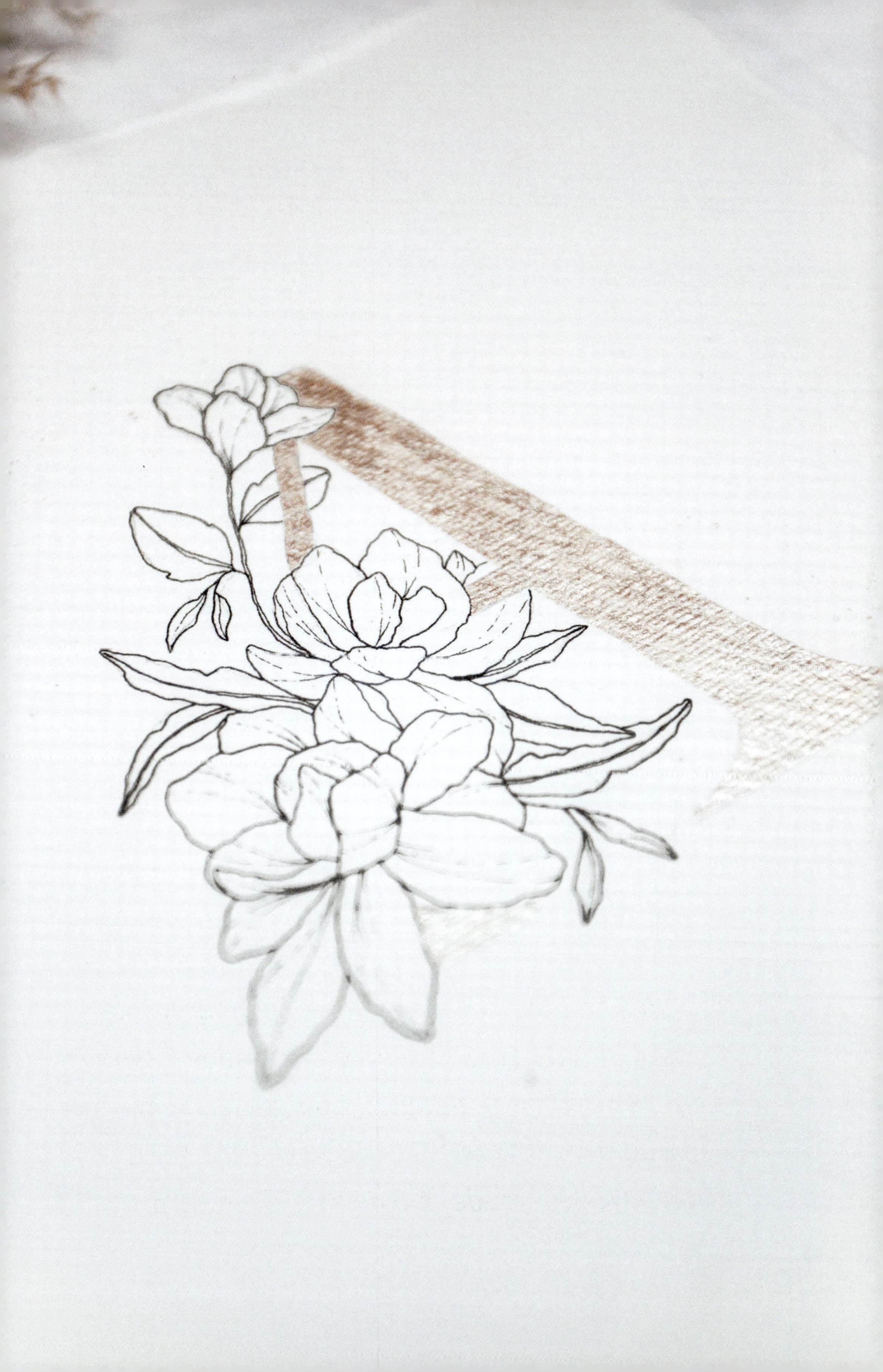

Schwierigkeitsgrad

◆◆◇

Materialien

- Druckbleistift
- Aquarellpapier satiniert
- Radiergummi
- Fineliner 03
- Fineliner 01
- Für das besondere Highlight: Aquarell-Metallicfarben

1. Such dir in deinem Textverarbeitungsprogramm eine möglichst geradlinige Schriftart aus und stelle diese am besten auf bold (fett), damit du später genug Platz hast, um deine Blumen zu platzieren. Zwei Schriftarten, die sich besonders gut eignen, sind z. B. »Times New Roman« und »ROTEN Typeface«.

2. Drucke dir deinen Buchstaben anschließend in der gewünschten Größe aus und übertrage ihn auf dein Papier. Das geht am einfachsten, wenn du einen Leuchttisch hast. Du kannst aber auch die Rückseite des bedruckten Blatts mit einem weichen Bleistift schraffieren und die schraffierte Rückseite danach auf dein Papier legen, das du zum Malen nutzen möchtest. Anschließend fixierst du das Papier mit einem kleinen Stück Washi Tape oder einer Klammer und fährst die äußeren Linien des Buchstabens nach. Möchtest du mit Aquarellpapier arbeiten, wähle ein satiniertes Papier aus: Matte oder raue Papiere würden die Spitze deines Fineliners zerstören.

3. Ist der Buchstabe übertragen, zeichnest du zuerst verschieden große Kreise auf deinen Buchstaben, die deine Blumen symbolisieren. Du kannst sie gerne an einigen Stellen überlappend platzieren, damit die Anordnung nicht zu steif wirkt. Zeichne dir in die Kreise, jeweils von der Mitte ausgehend, einen kleinen Pfeil, damit du weißt, welche Ausrichtung deine Blumen später haben sollen.

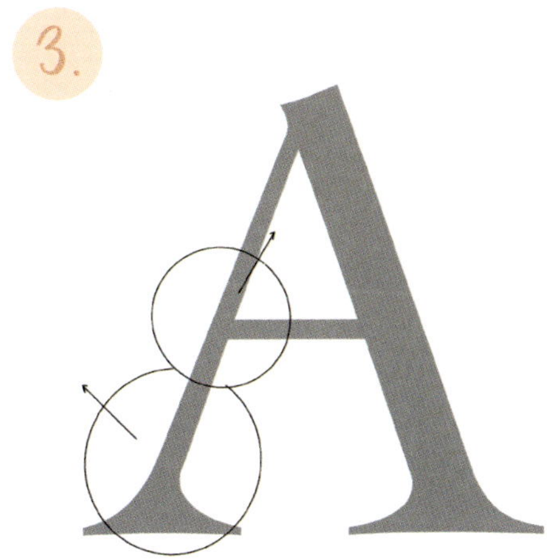

4. Mithilfe der Anleitungen in diesem Buch kannst du nun deine Blumen zeichnen.

Mein Tipp: Zeichne nicht zu viele verschiedene Blumen. Setze lieber die gleiche Art von Blumen in unterschiedlichen Ausrichtungen um und wähle dann für kleinere Blüten noch einmal eine andere Art.

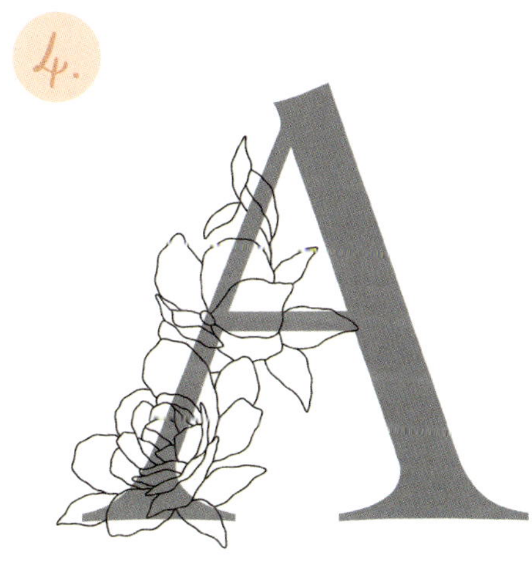

5. Sind deine großen Blumen fertig, kannst du schauen, ob es am Buchstaben noch Lücken gibt, die du mit kleineren Blumen oder Blättern füllen möchtest.

6. Zum Schluss füllst du deinen Buchstaben noch mit Farbe aus. Dafür kannst du ganz klassisch Schwarz verwenden oder auch Metallic-Aquarellfarben, wie z. B. Coliro Pearlcolors. Fertig ist ein wundervolles und einzigartiges Geschenk.

5.

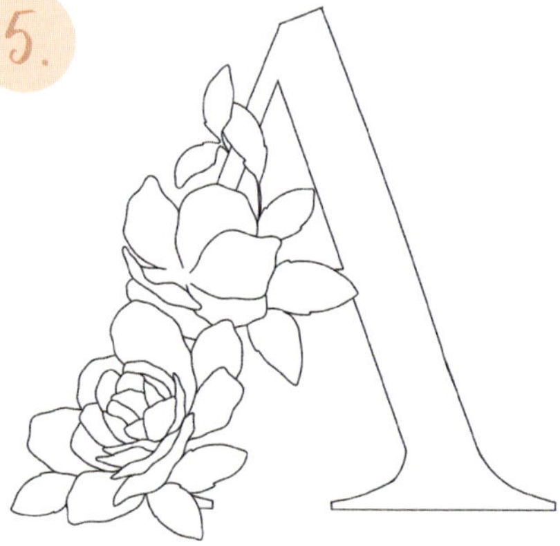

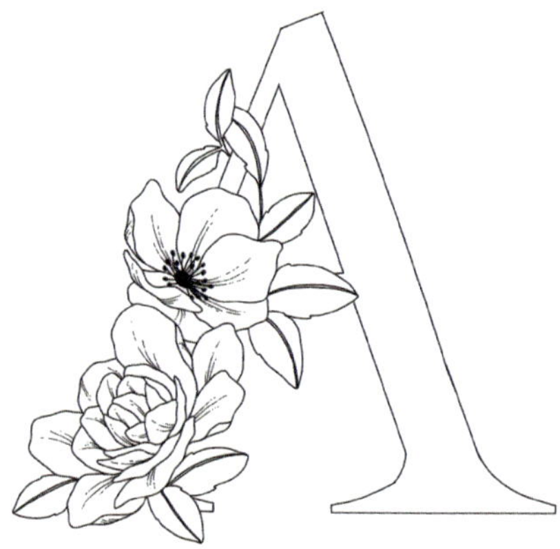

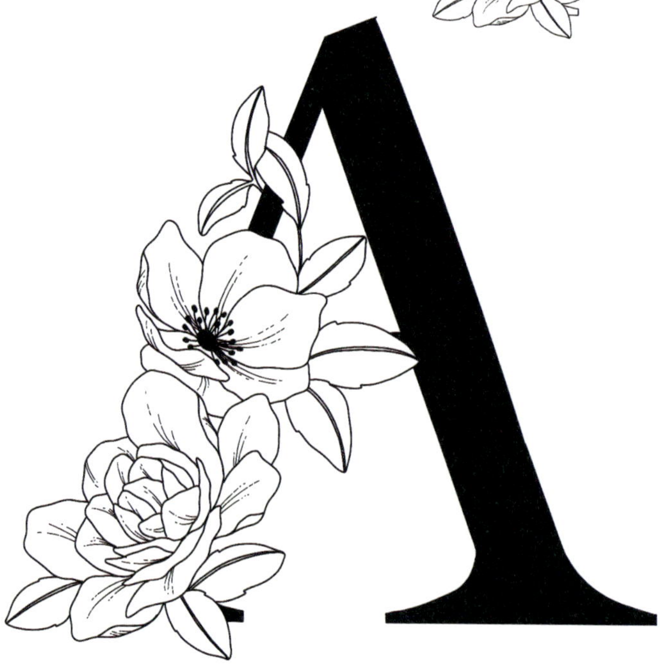

Florales Alphabet

Eine schöne Kombination bilden Buchstaben und Blumen, wie sie sich zart darum schlingen.

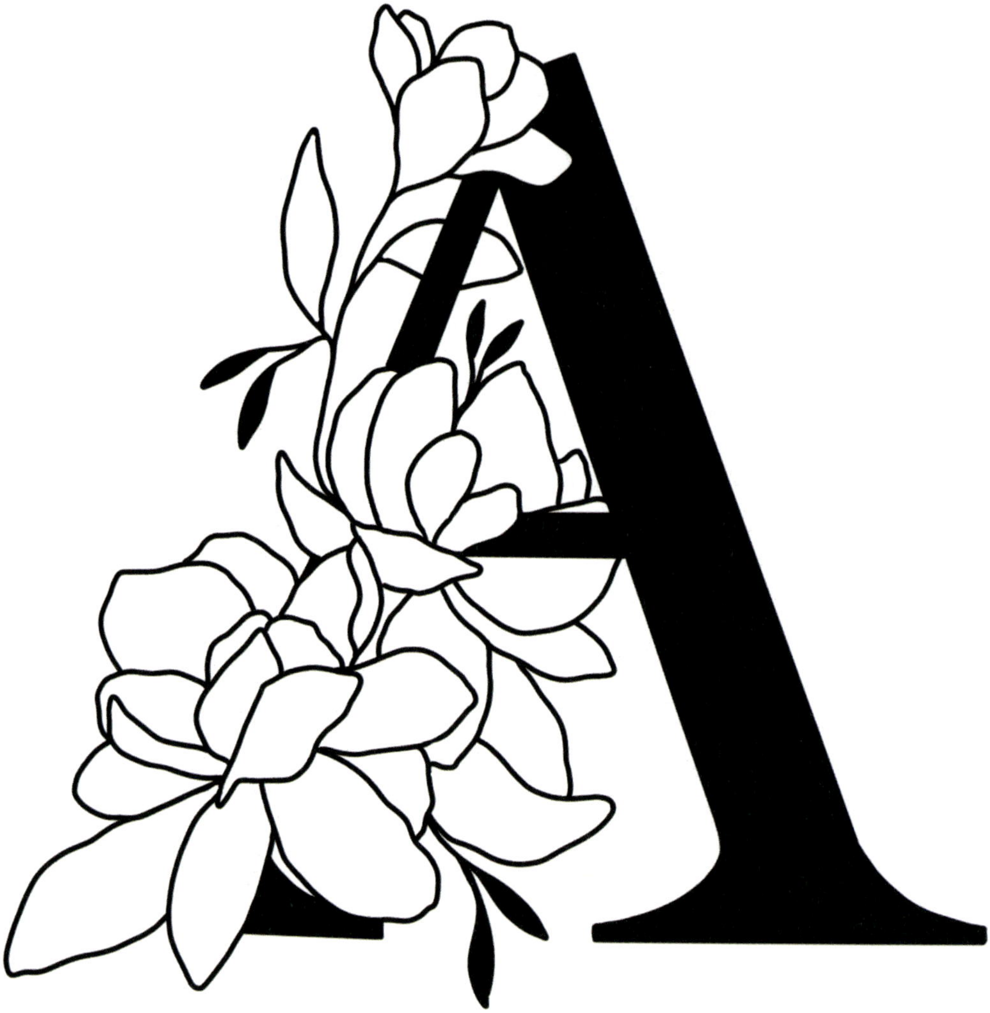

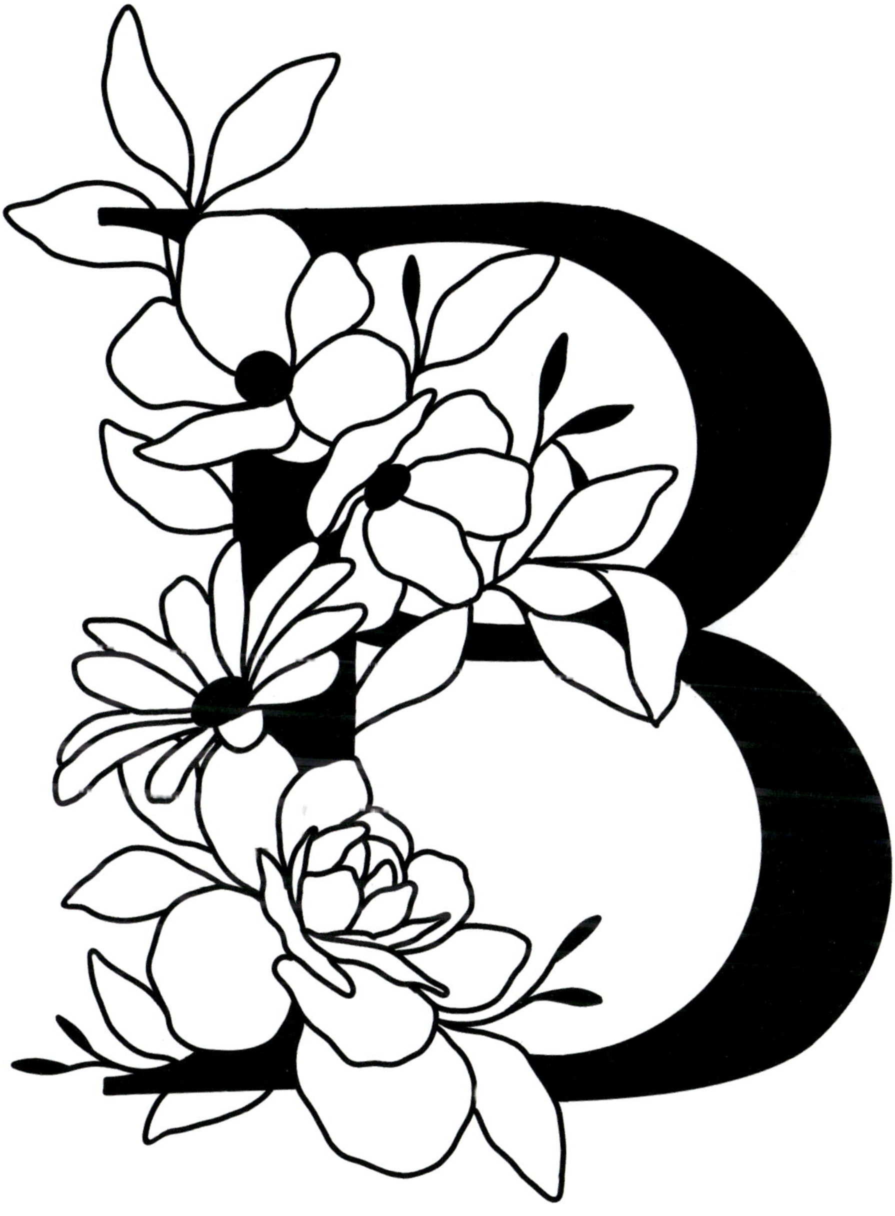

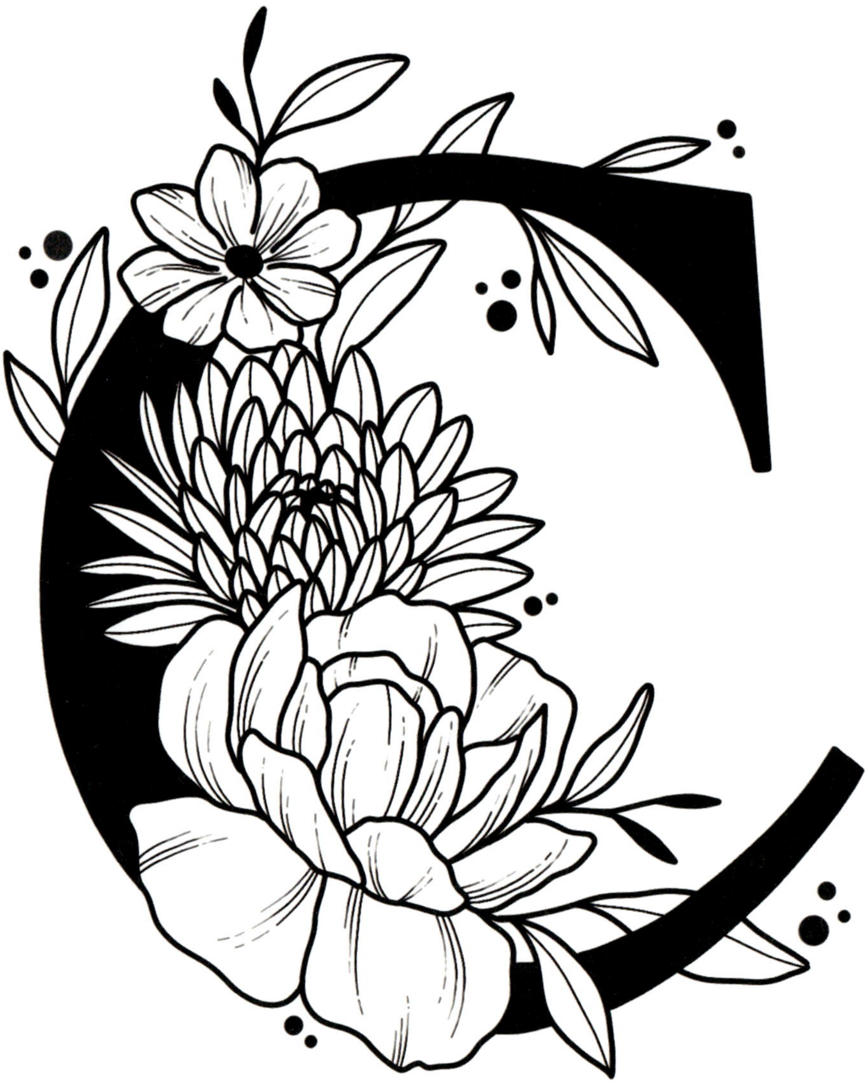

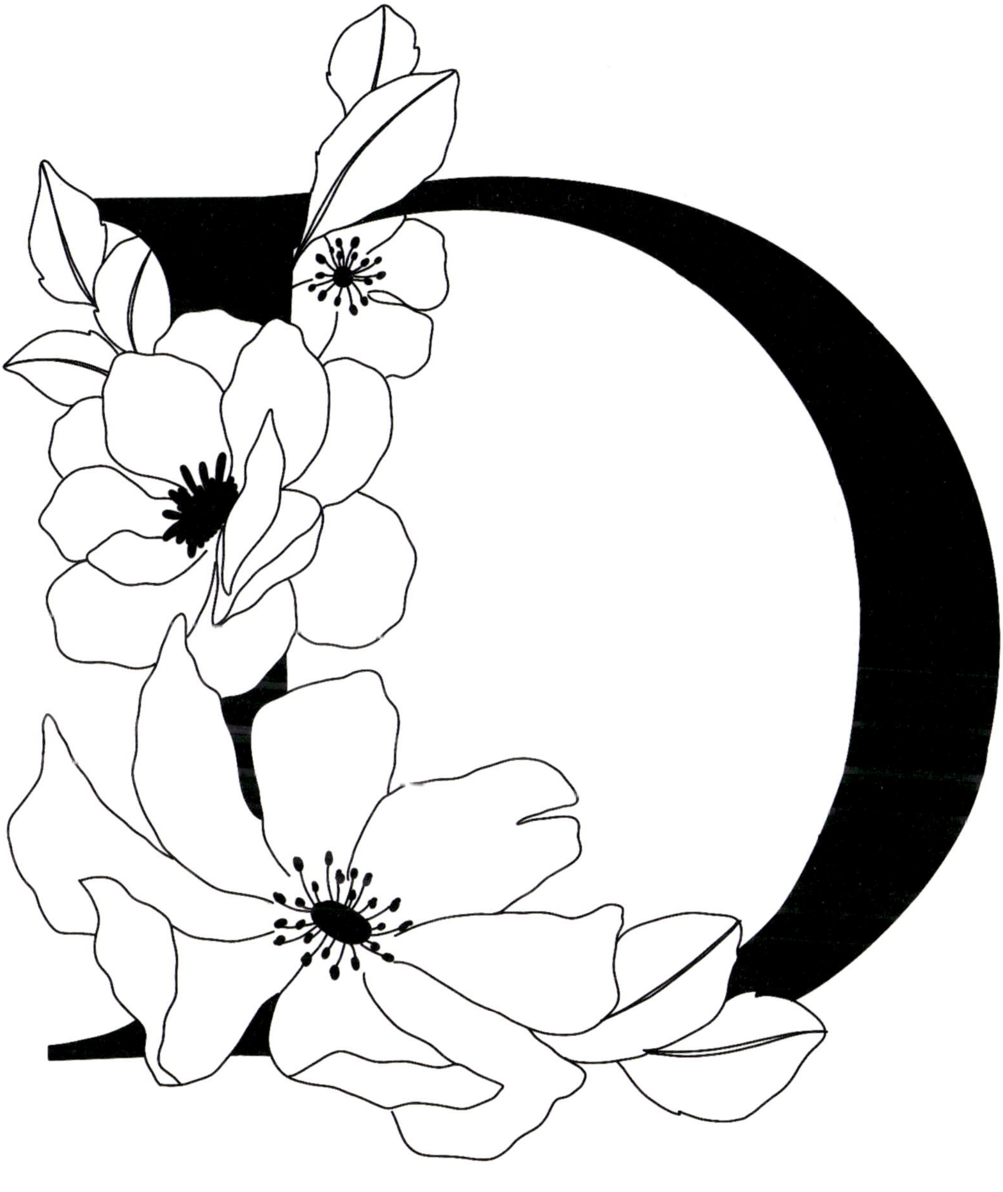

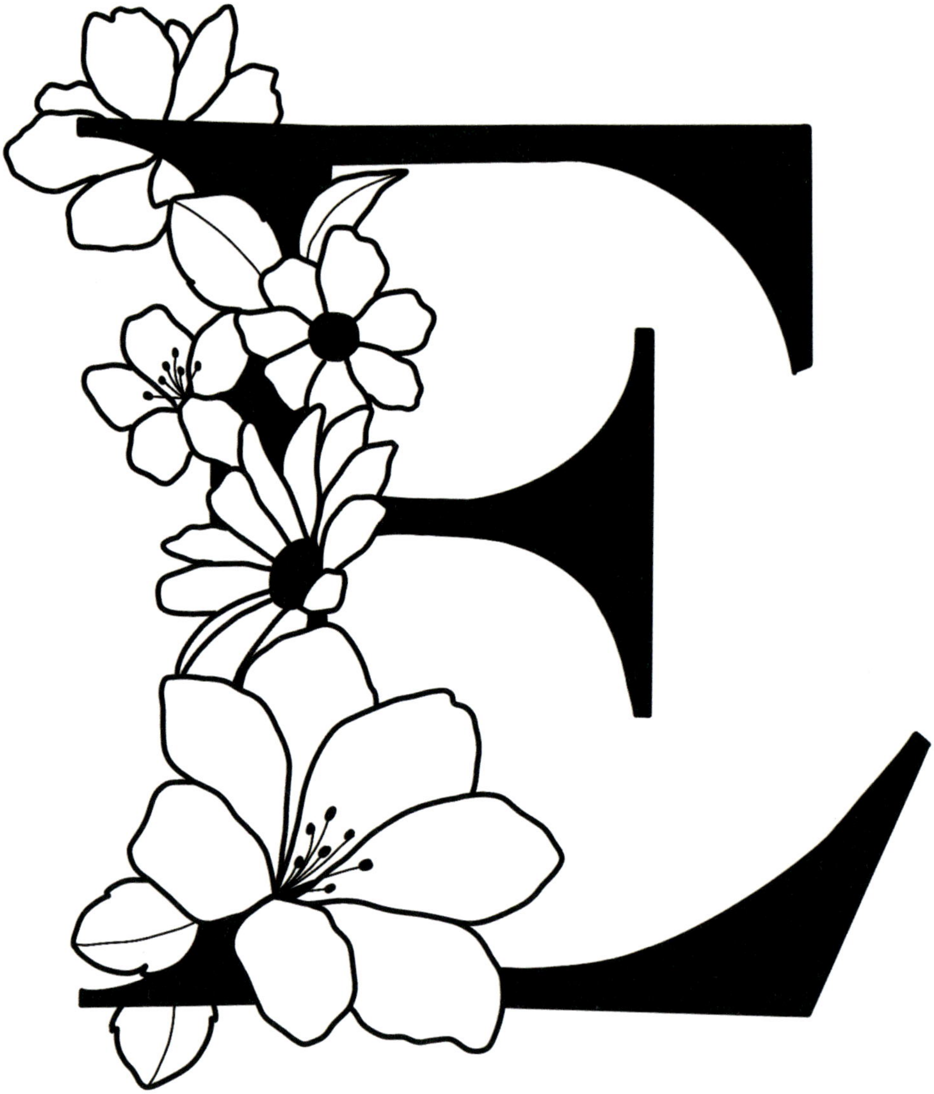

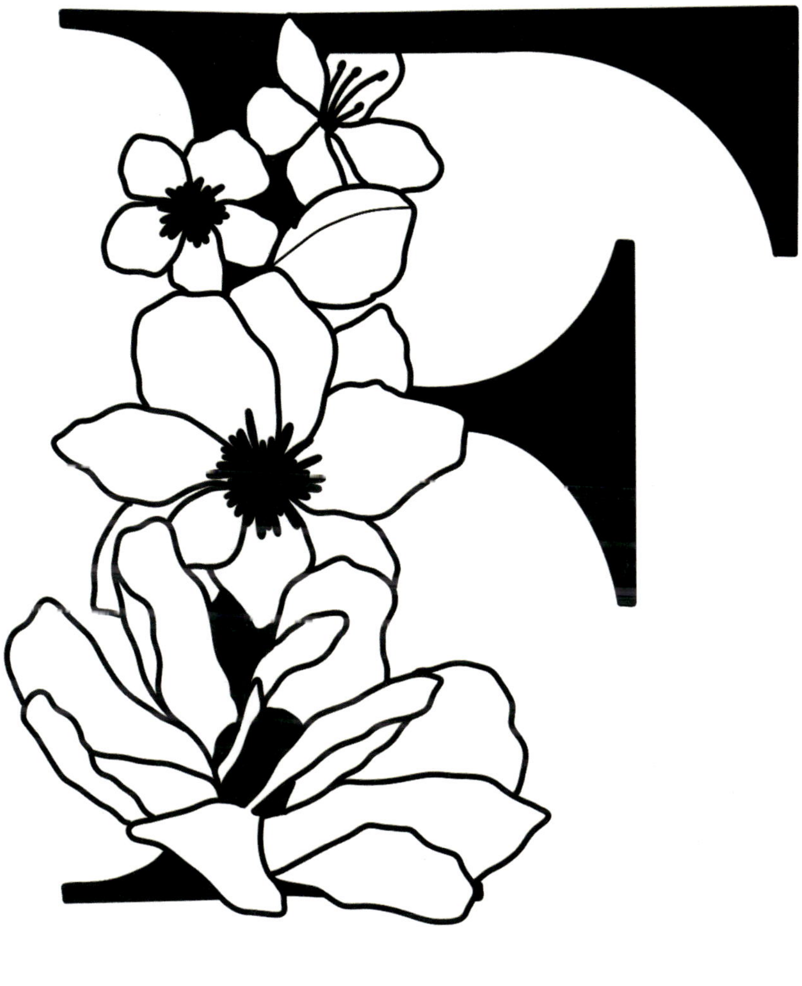

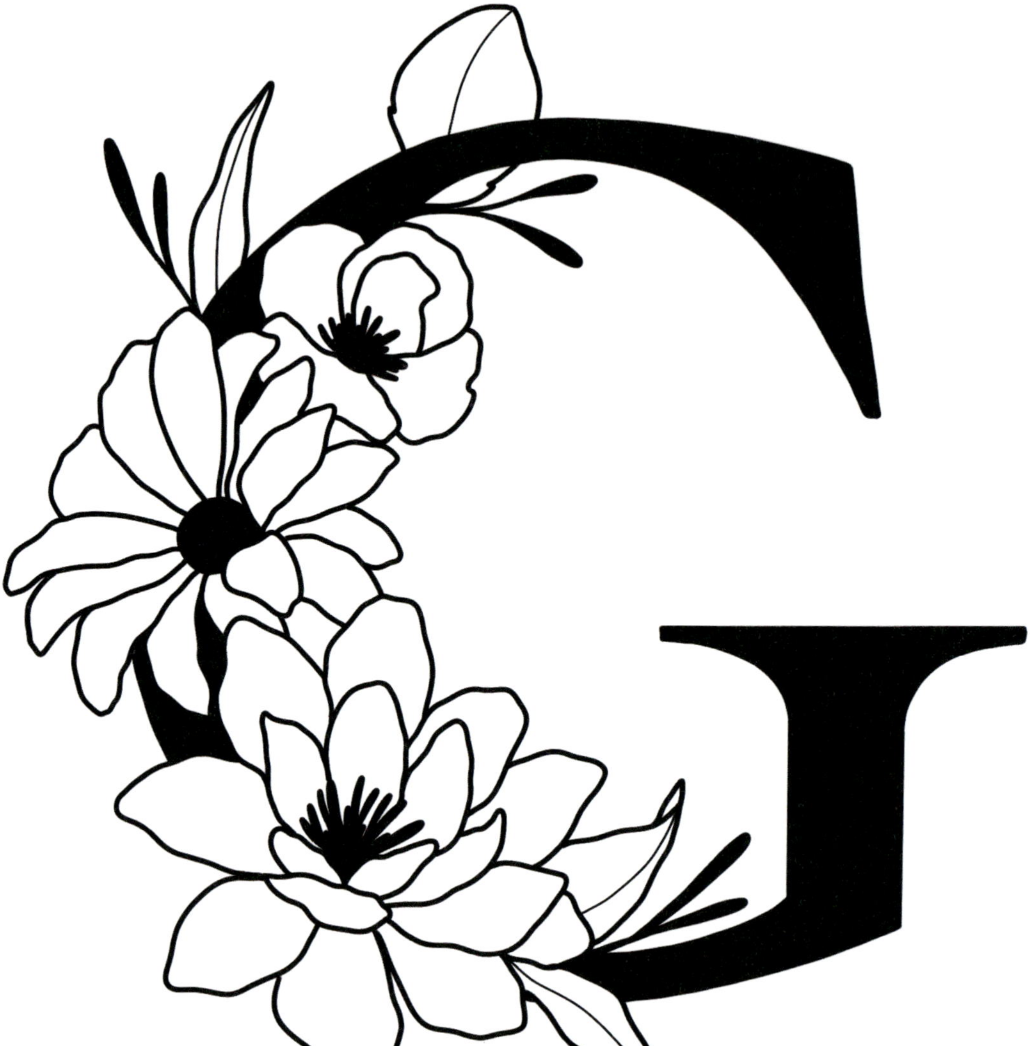

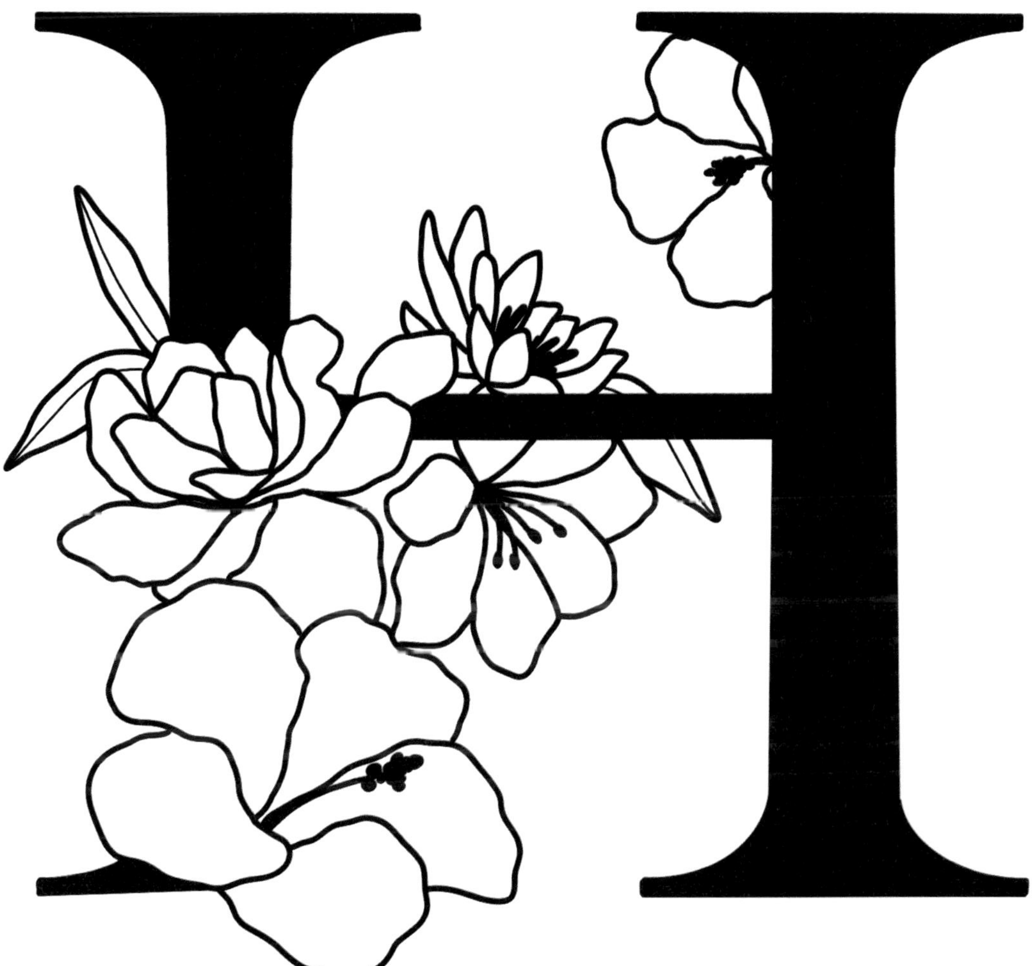

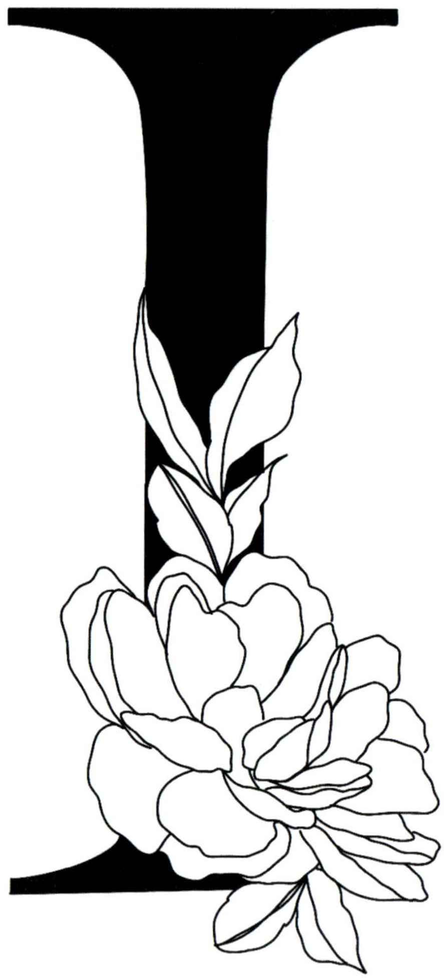

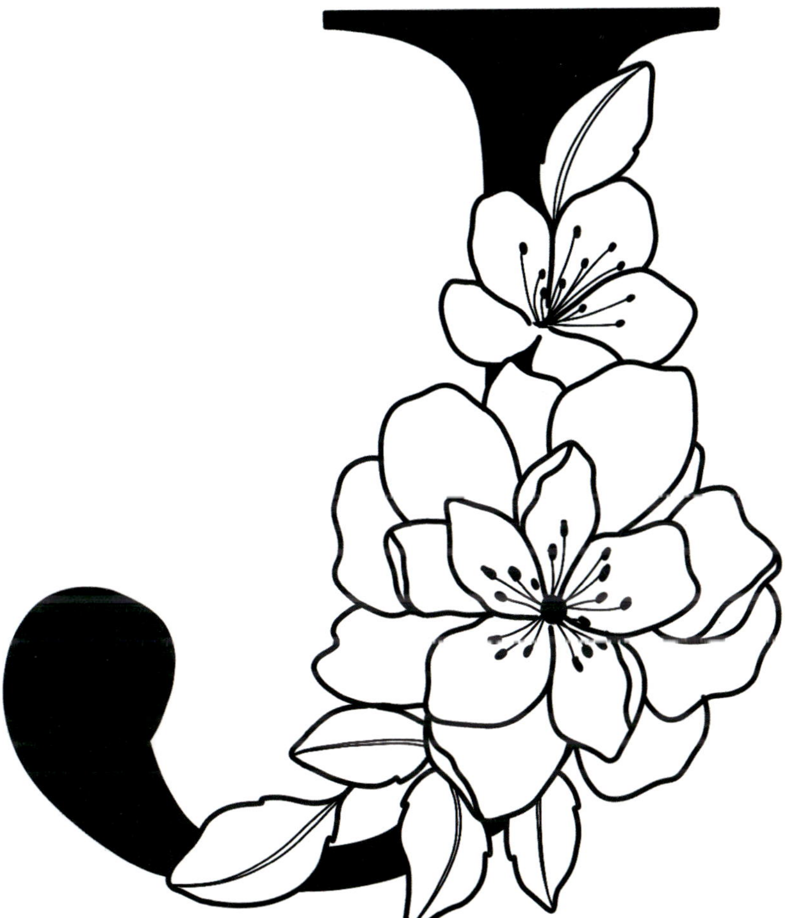

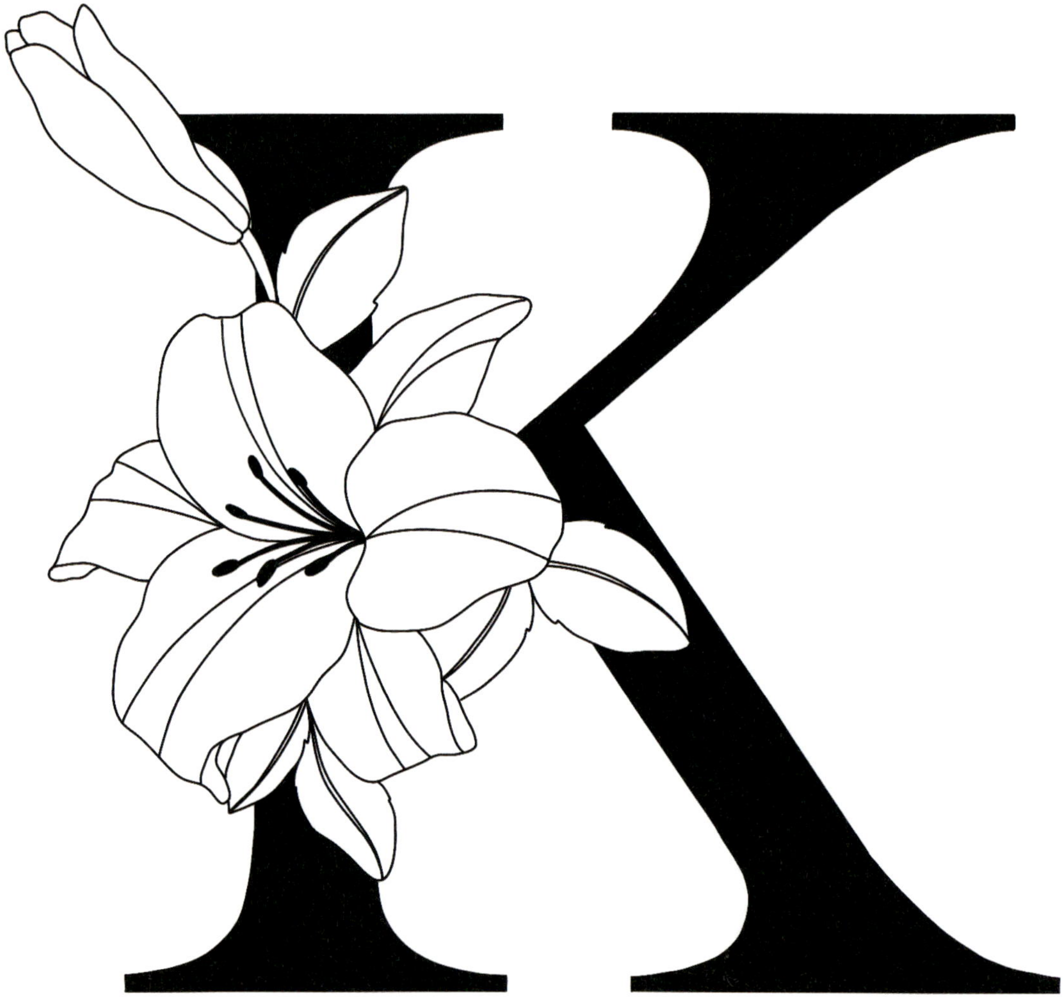

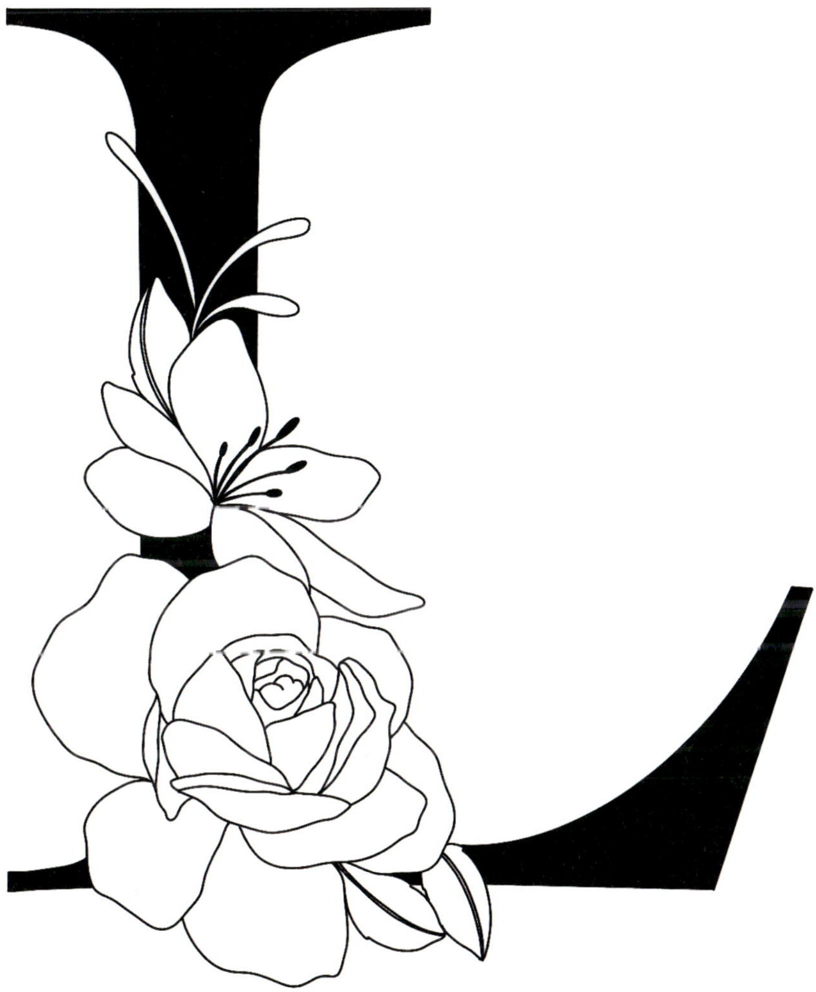

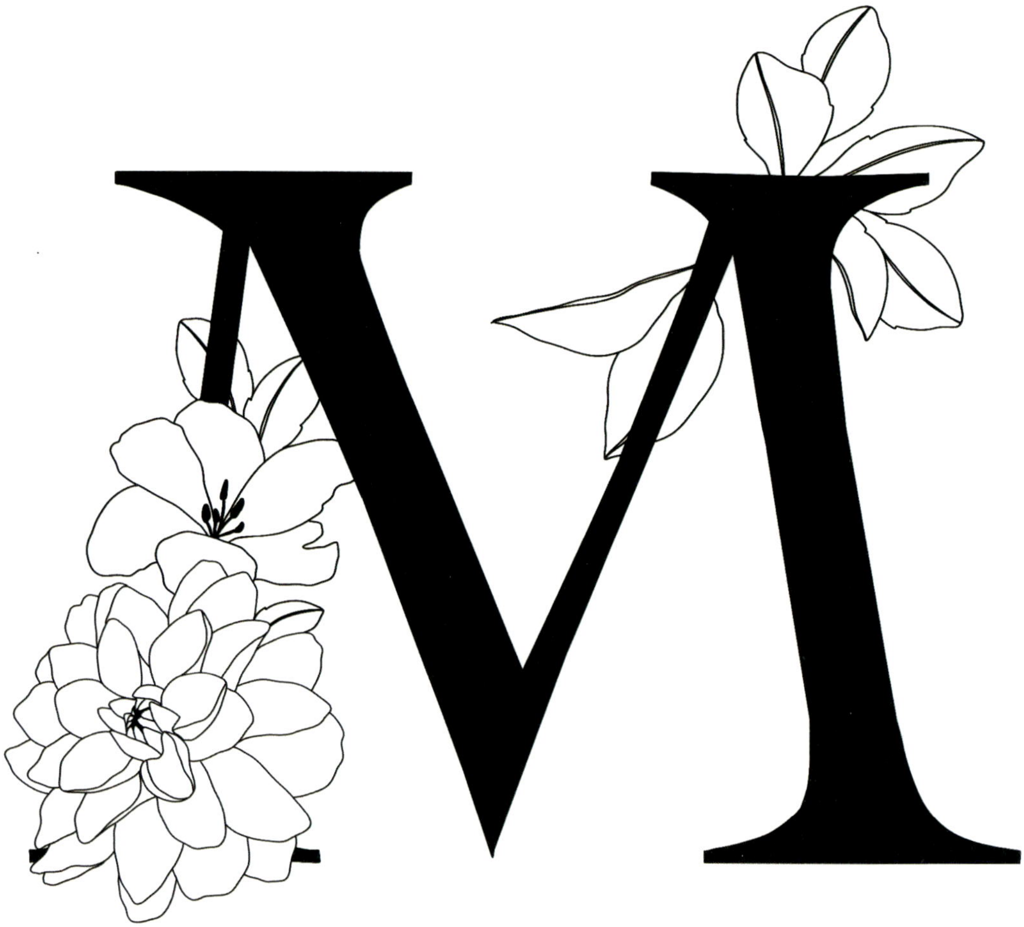

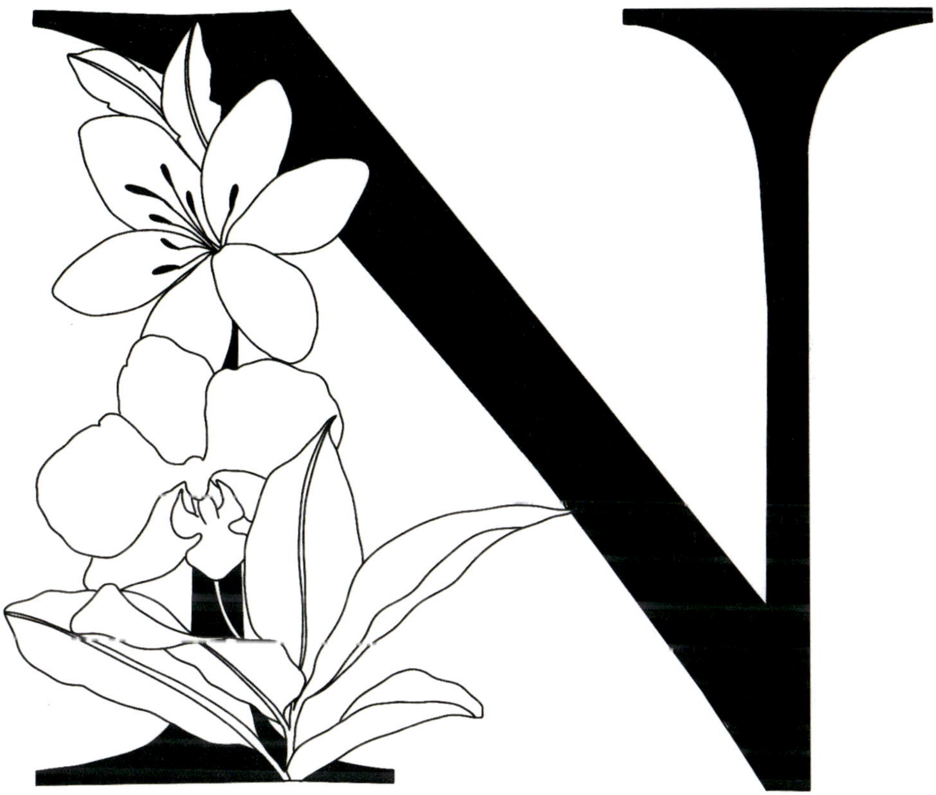

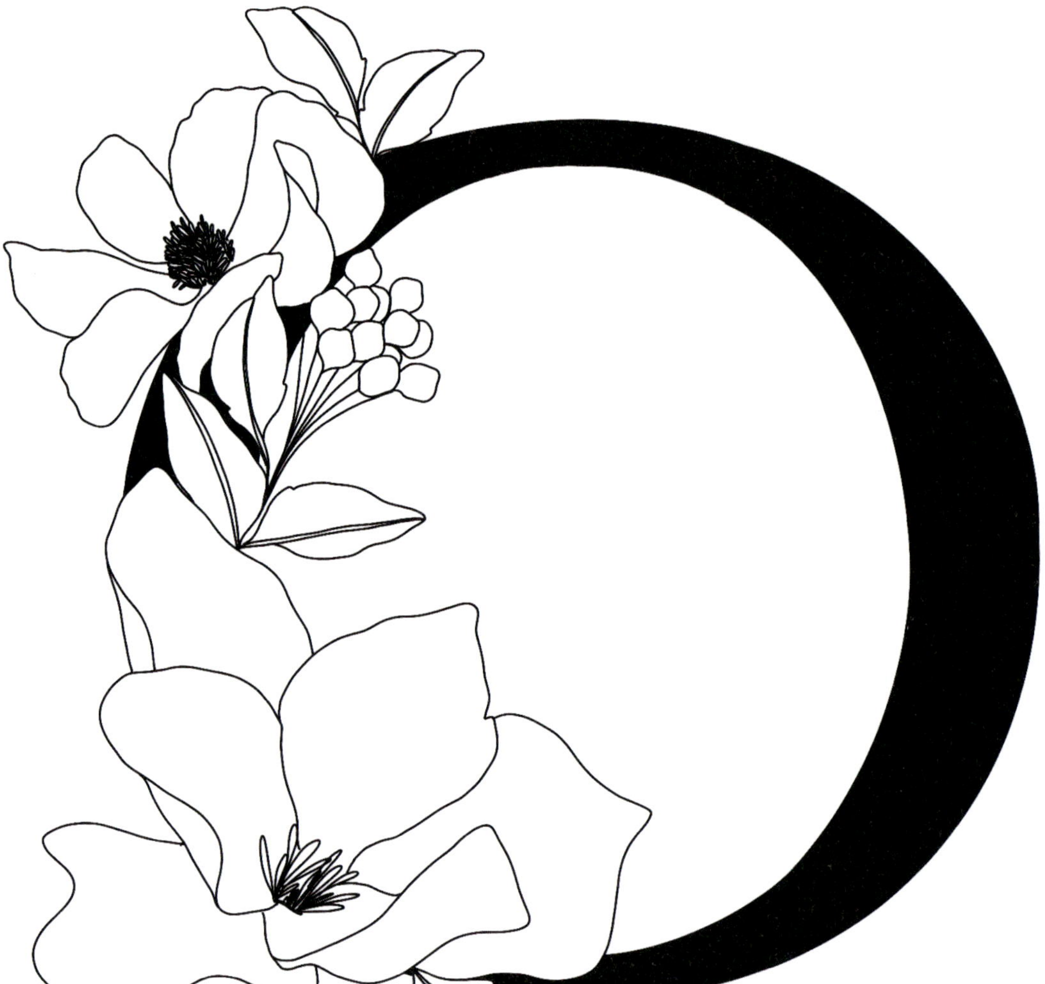

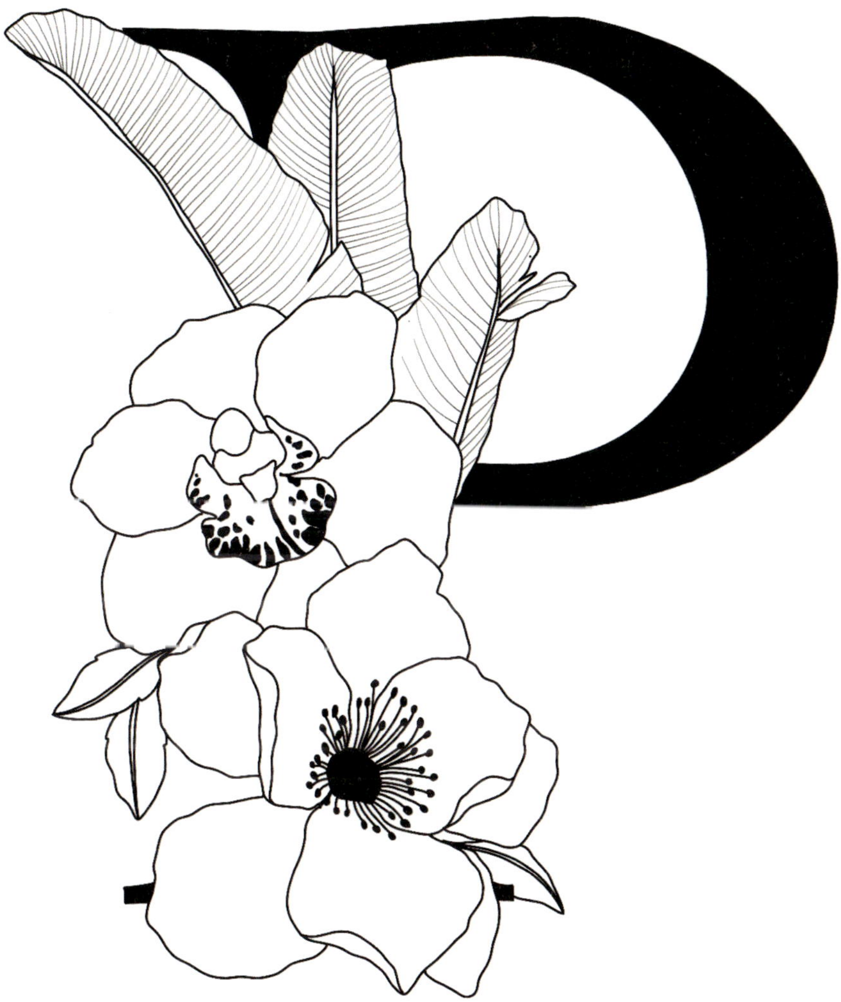

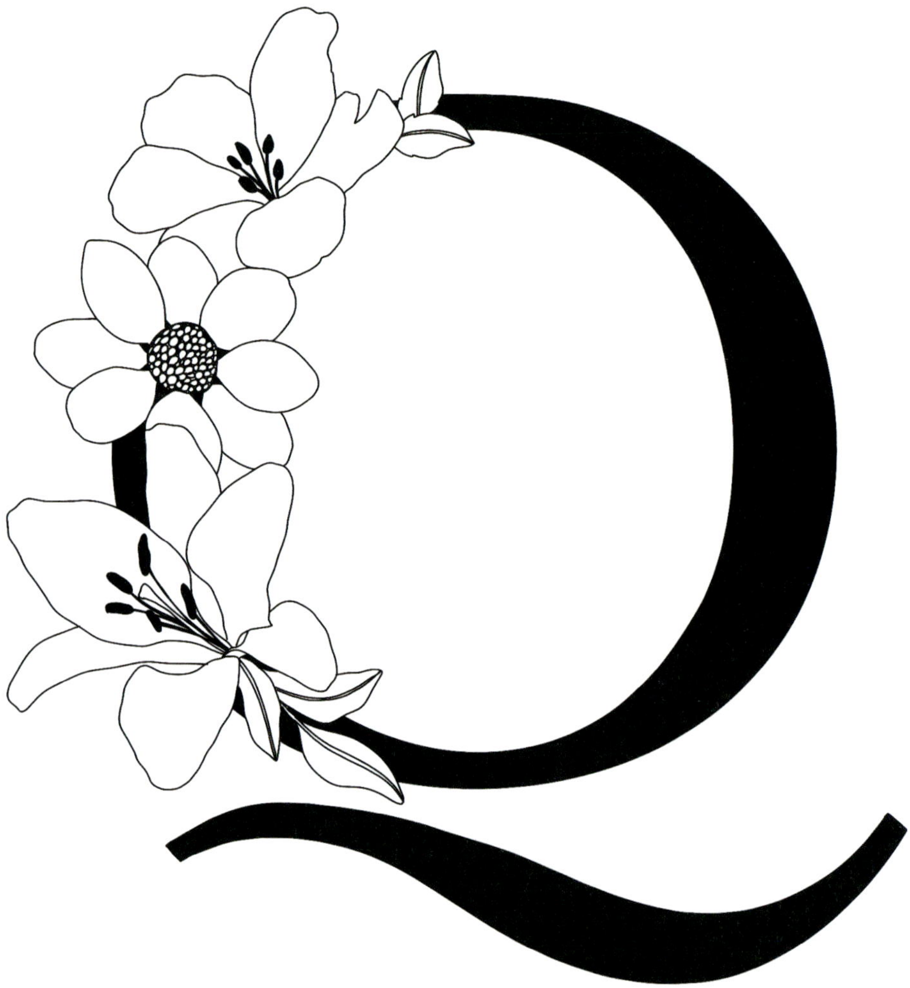

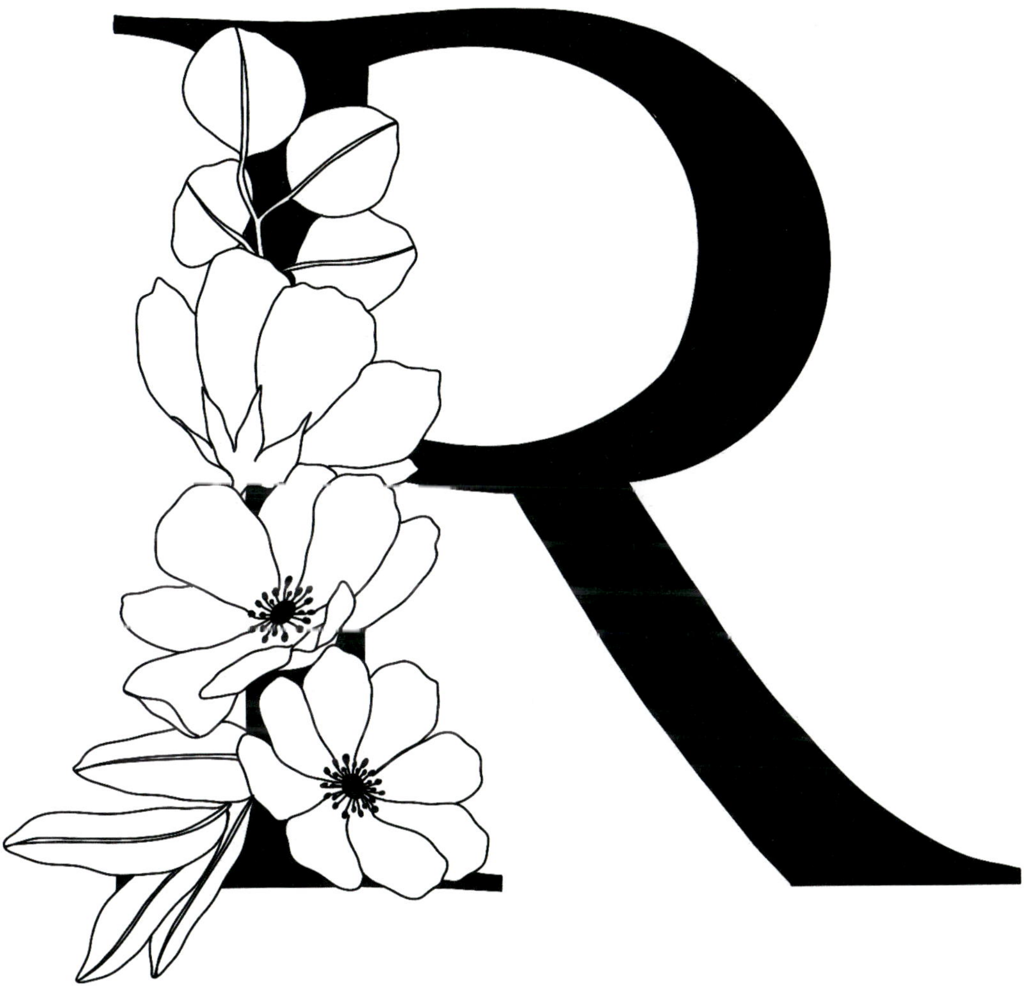

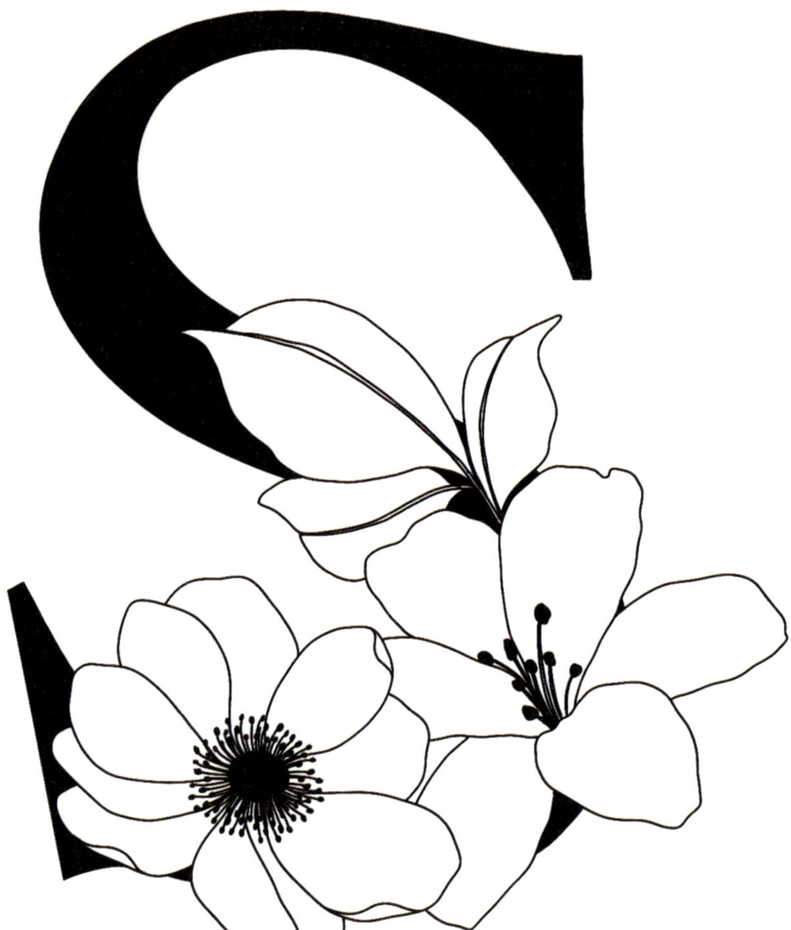

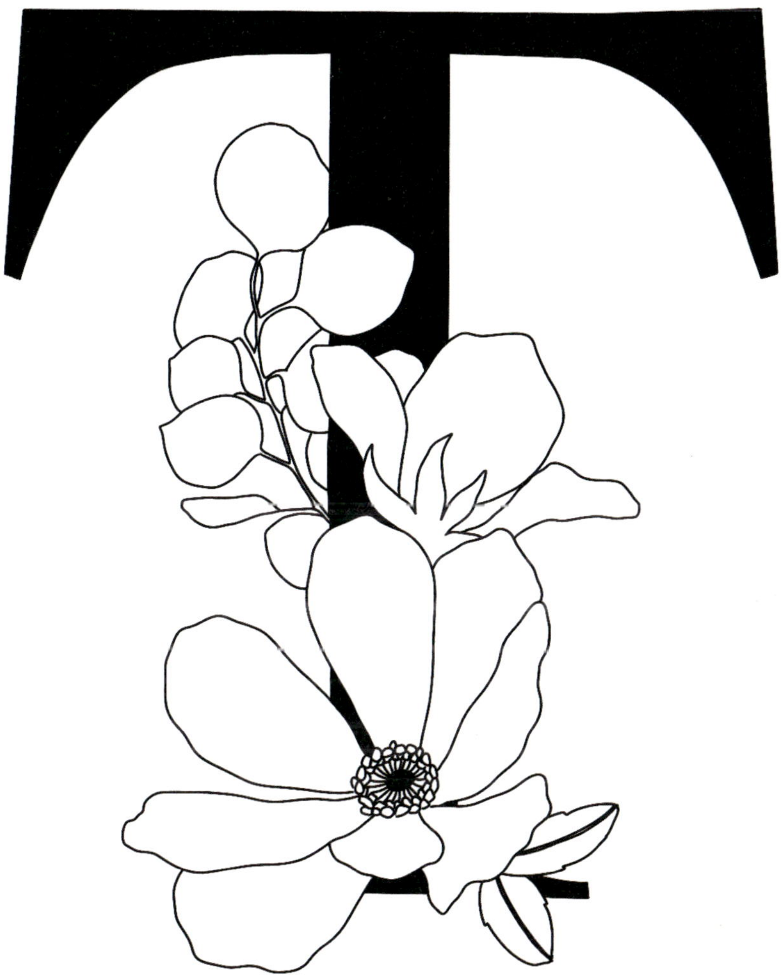

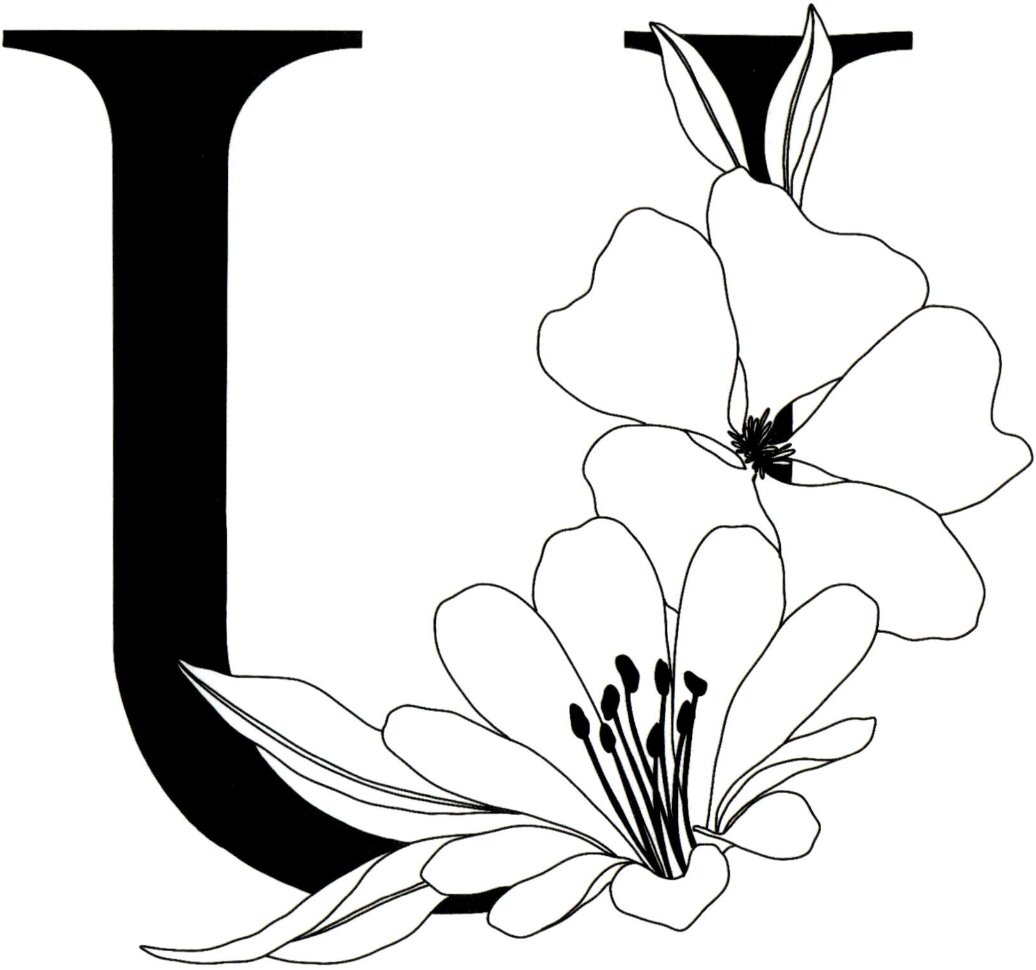

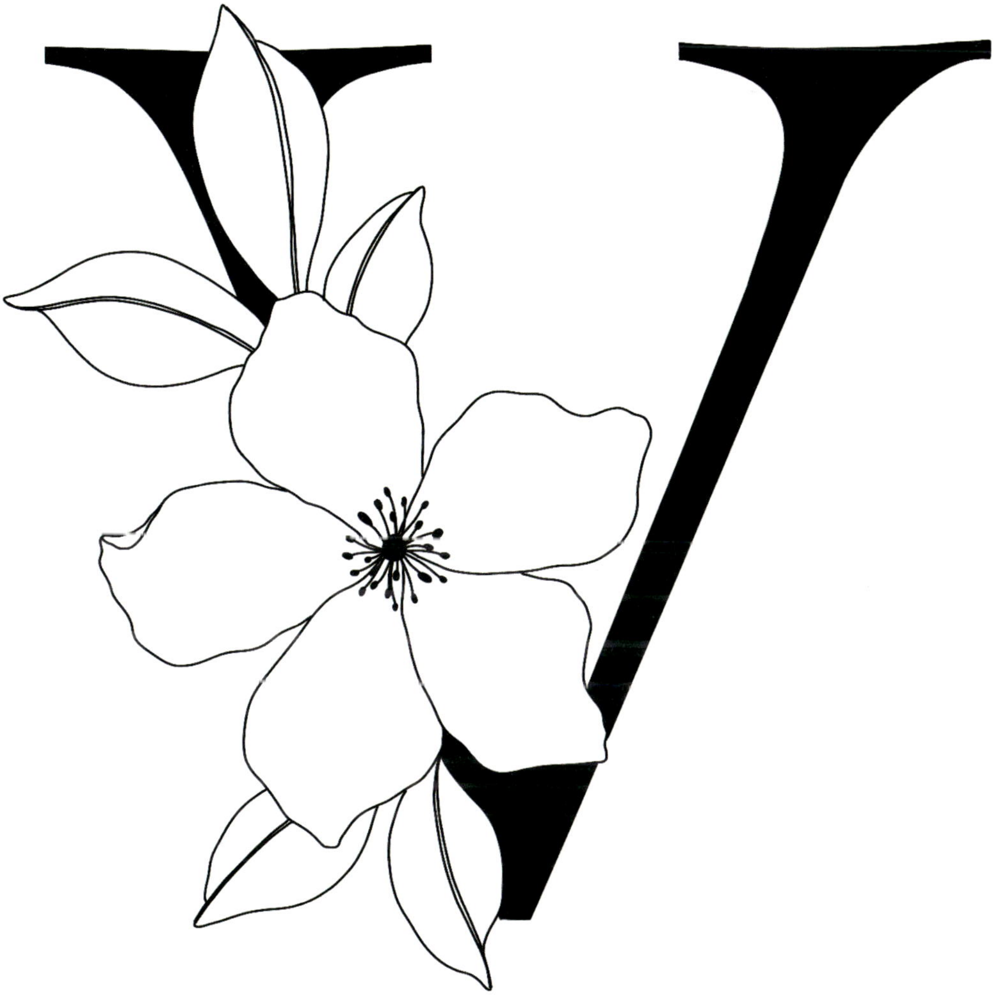

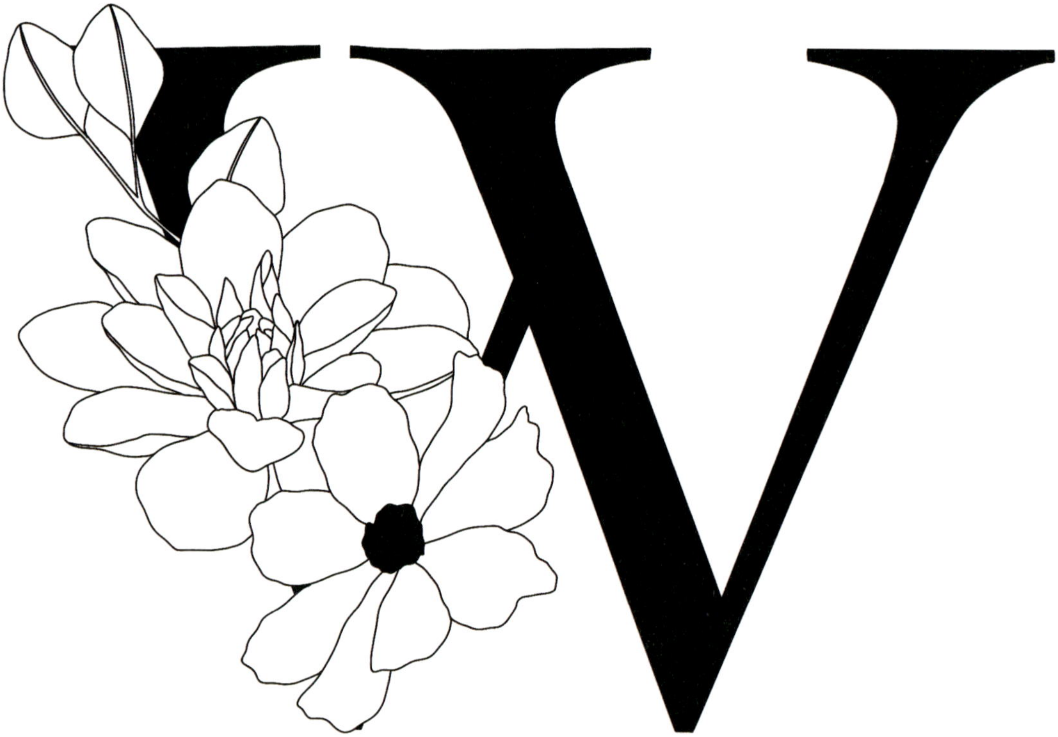

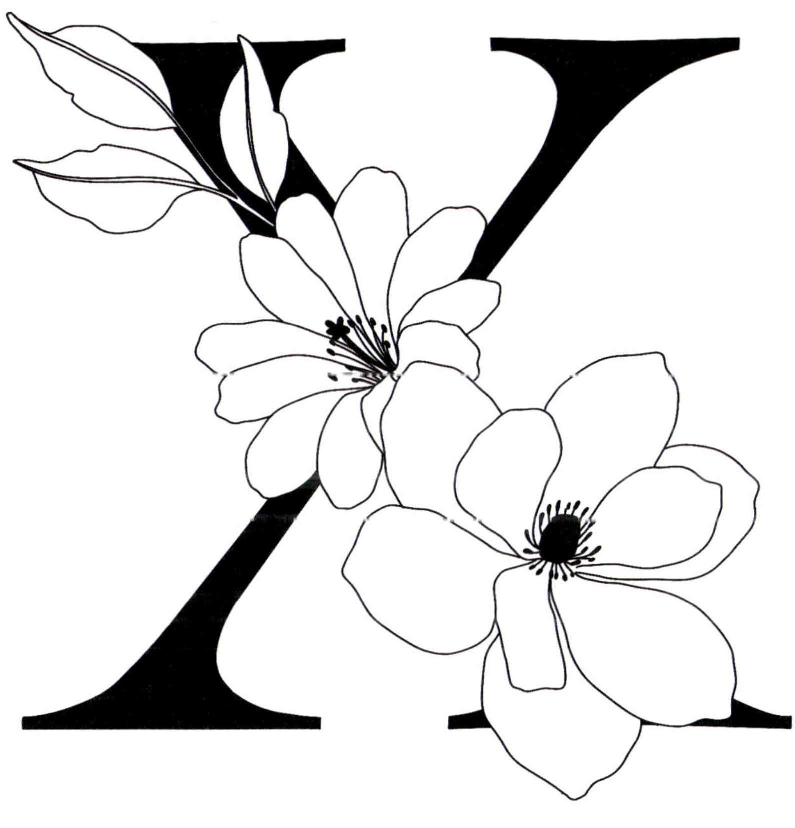

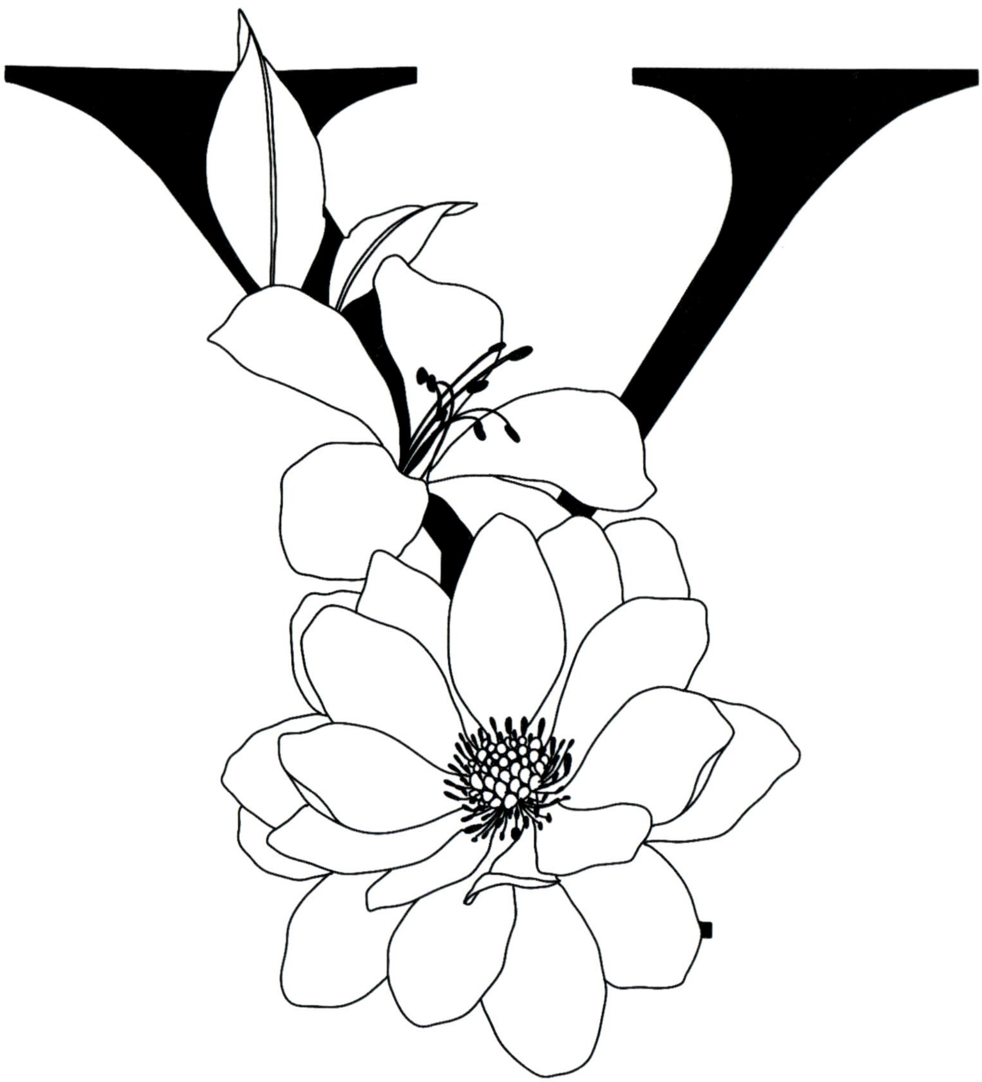

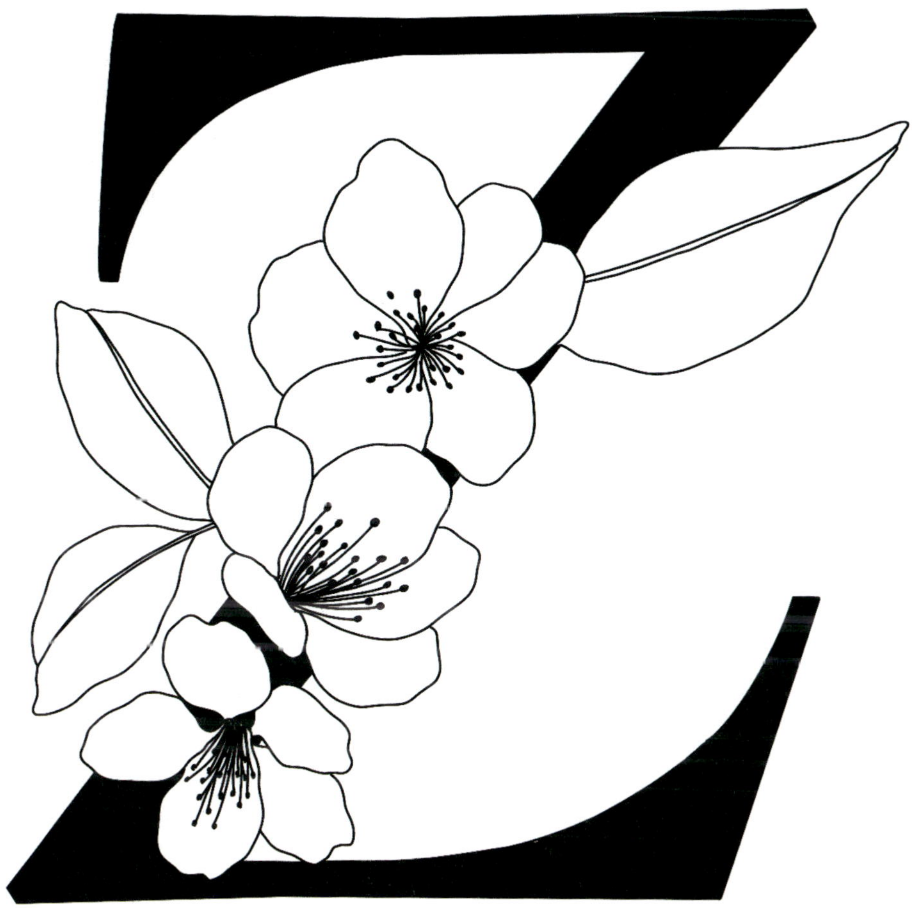

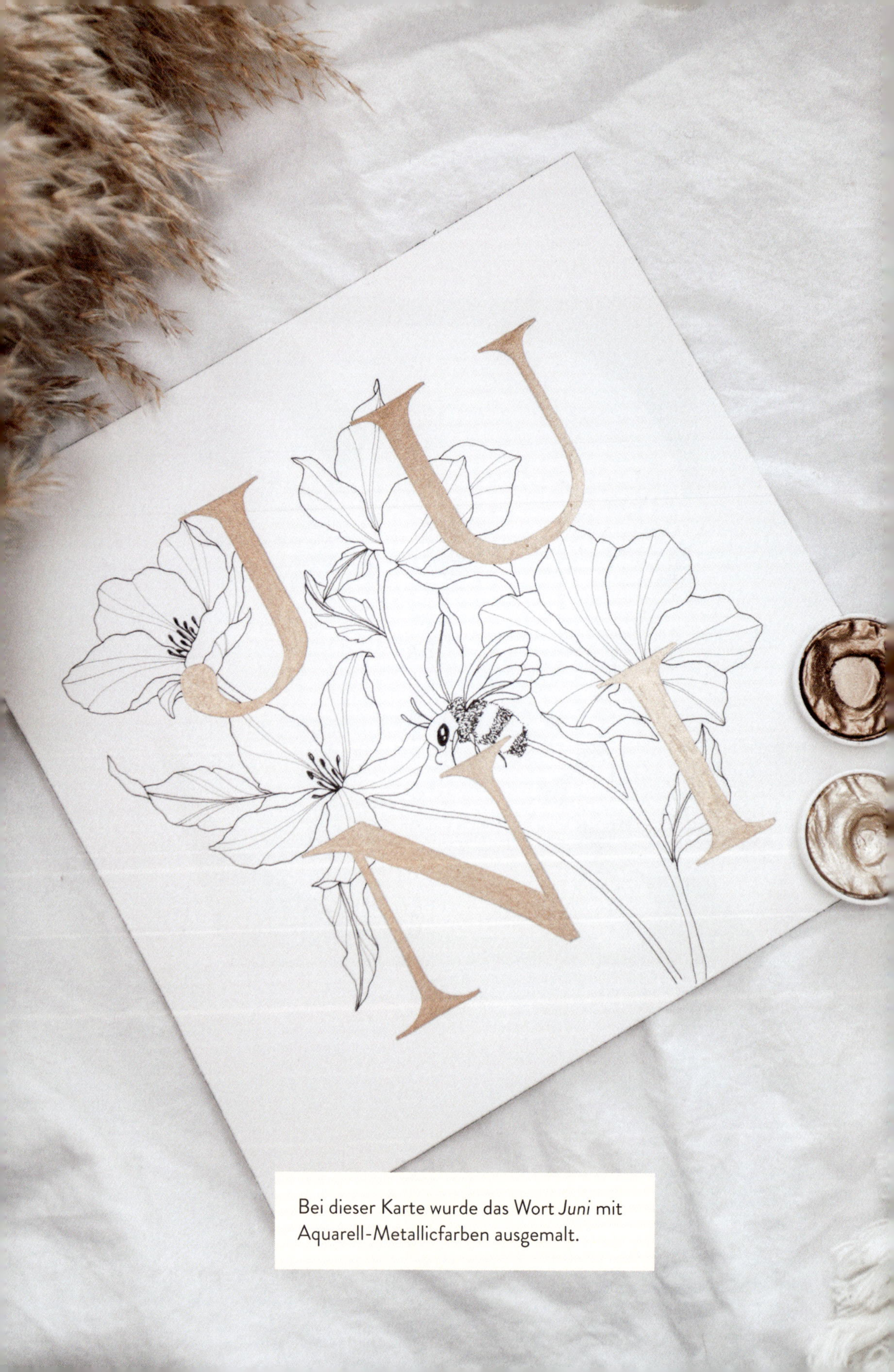

Bei dieser Karte wurde das Wort *Juni* mit Aquarell-Metallicfarben ausgemalt.

Deiner Kreativität sind keine Grenzen gesetzt, du kannst Blumen z. B. auch mit einem Bücherstapel kombinieren.

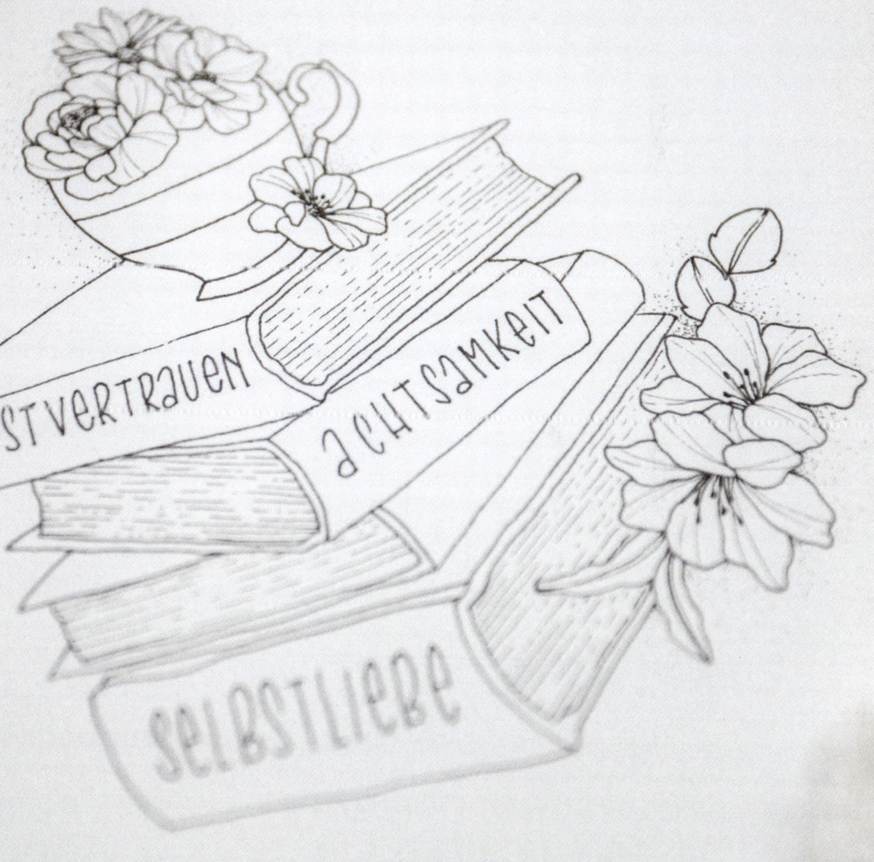

Inspiration Ganze Wörter

Mit floralen Elementen verzierte Monogramme eignen sich hervorragend als individuelles Geschenk zu Hochzeiten, Geburtstagen oder Taufen. Wer florale Buchstaben verschenkt, verschenkt Freude, die nicht welken wird.

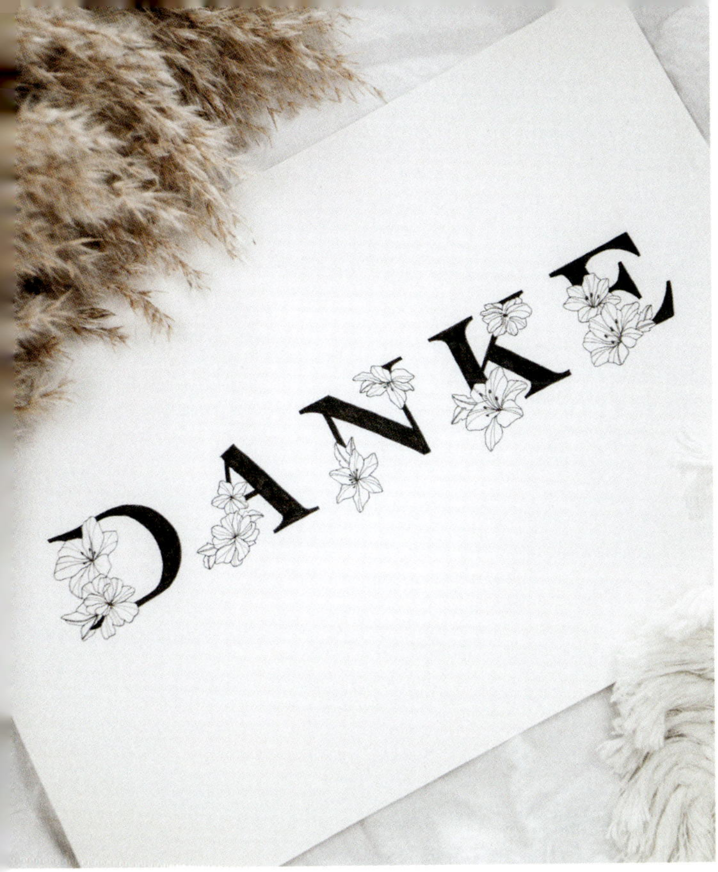
DANKE
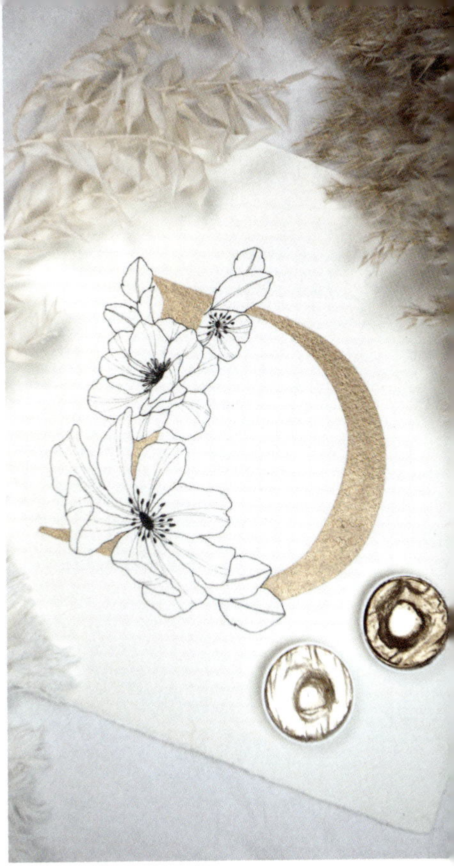
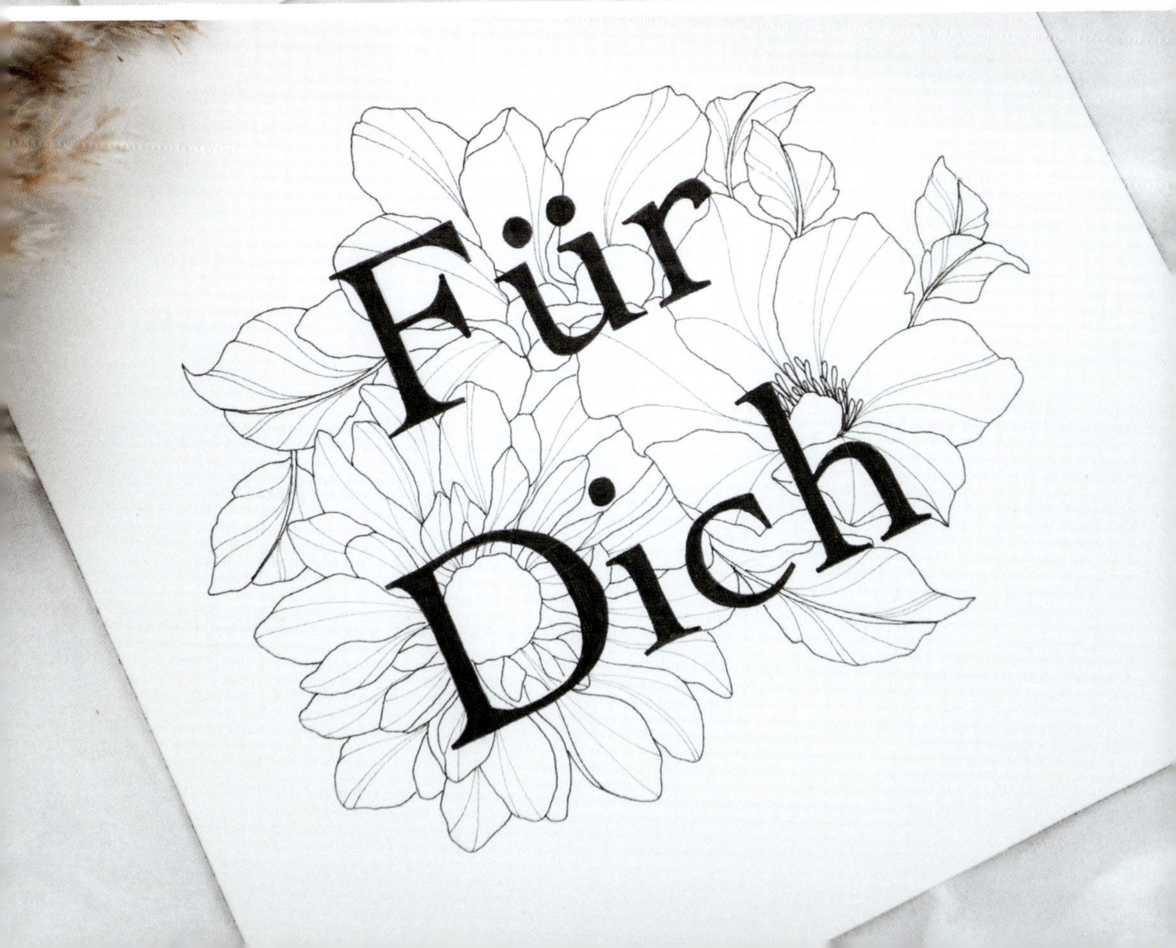
Für
Dich

Schuhe bemalen

Line Art eignet sich als Grundlage für viele Projekte. Blumen können nämlich nicht nur auf Papier wunderschön aussehen, sondern beispielsweise auch auf Schuhen. Probiere es doch mal aus und gestalte dir deine ganz eigenen Schuhe.

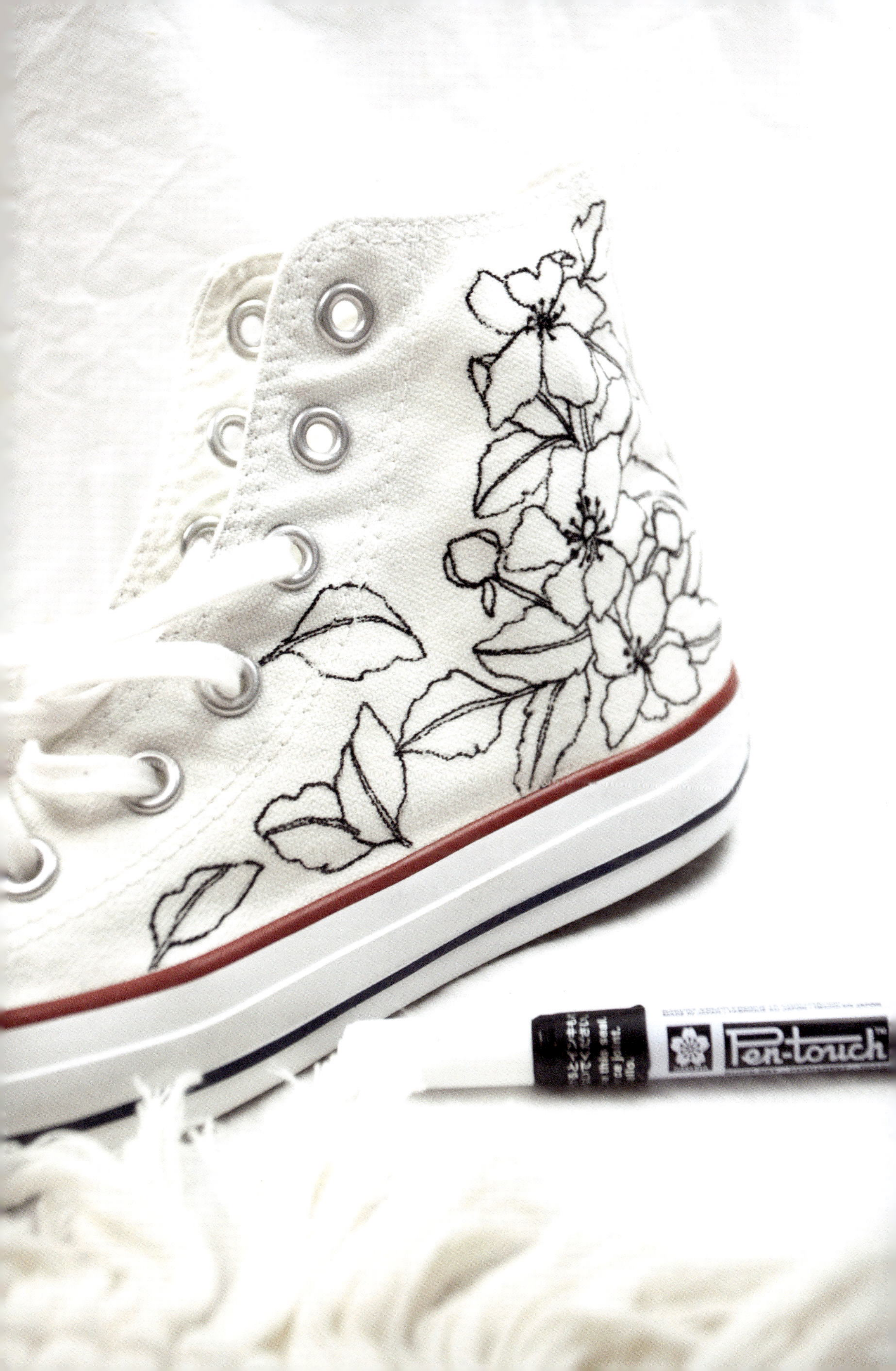
Pen-touch

Schwierigkeitsgrad

◆◆◇

Materialien

- Schuhe deiner Wahl – meine Empfehlung sind weiße Stoffschuhe
- Druckbleistift HB
- Stoff- oder Acrylmarker

1. Falls du unsicher bist, zeichne deine Blumen ganz leicht mit einem Bleistift vor, sodass du eine Orientierung hast. Wähle am besten ganz einfache Blumen und Elemente, sodass du dich beim Zeichnen sicher fühlst.

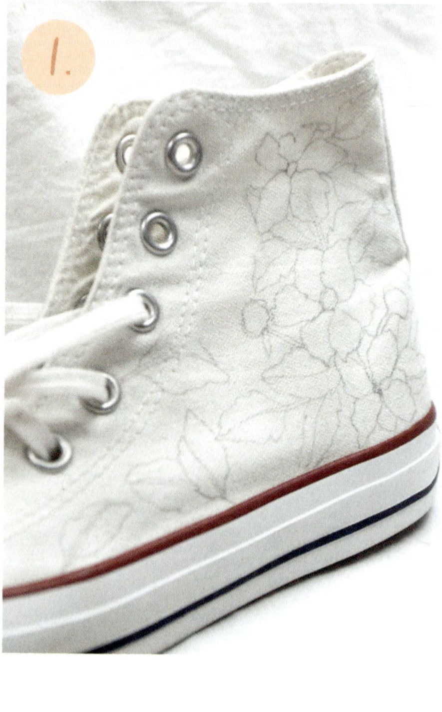

2. Ich habe mir die Anemone ausgesucht, weil sie eine sehr einfach zu zeichnende Blume ist. Je nachdem, wie viel Platz auf deinem Schuh ist, zeichnest du zwei bis drei Blüten und Blätter.

3. Die Blumen sollten nicht zu klein werden. Du musst bedenken, dass man sie auf deinen Schuhen von etwas weiter weg betrachtet. Werden sie zu klein, kann man sie vielleicht nicht gut erkennen.

4. Zeichne zuerst die Blumen und setze anschließend die Knospen und Blätter an freie Stellen. Danach kannst du ein paar Details hinzufügen, wenn es der Platz zulässt und deine Blumen trotzdem noch gut zu erkennen sind. Ansonsten kannst du die Details auf dem Schuh zugunsten der Erkennbarkeit auch einfach weglassen.

Fertig ist dein individuell gestalteter Schuh!

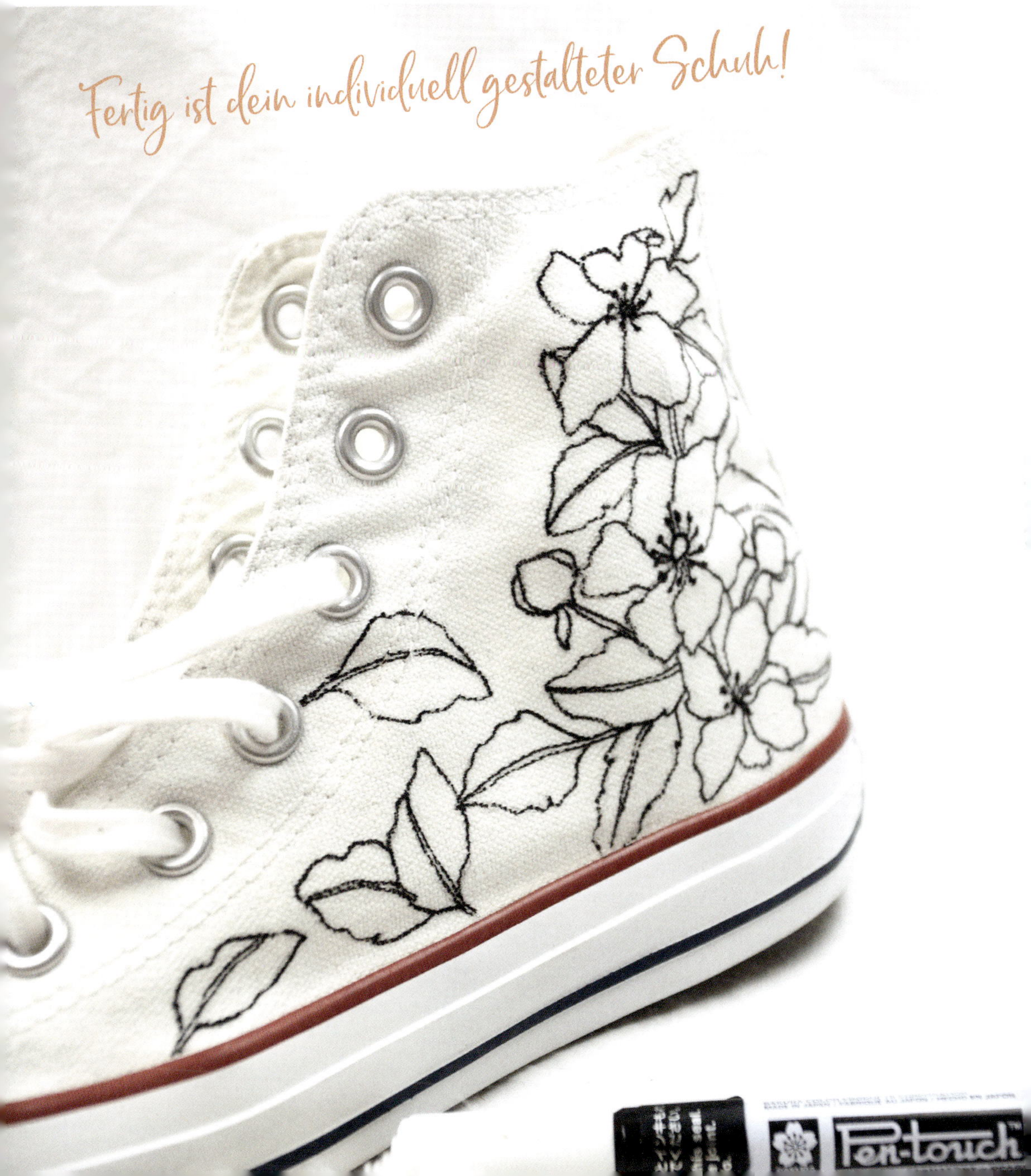

Danksagung

Als Allererstes möchte ich meiner Freundin Lotta @watercolotta danken. Sie hat mir gezeigt, dass es immer einen Weg gibt, um an ein Ziel zu gelangen. Sie hat mich ermutigt, meine Träume zu verfolgen, und mich aufgefordert, mein Bestes zu geben. Ich bin so dankbar für ihre Freundschaft und Unterstützung.

Ich möchte meiner Freundin für ihre wertvolle Arbeit danken. Sie hat mich durch ihre tiefgehenden Fragen gezwungen, meine Gedanken und meine Argumentationen zu präzisieren. Ohne ihren Einsatz hätte ich niemals ein so ausgefeiltes und lehrreiches Werk schaffen können. Sie hat mir geholfen, das Beste aus meinem Buch herauszuholen, und ich bin ihr für ihre Unterstützung und ihren Einsatz sehr dankbar.

Danke für deine Freundschaft.

Des Weiteren möchte ich meiner Mama danken. Sie hat mich auch immer unterstützt und mir in schwierigen Situationen beigestanden. Sie hat mich immer ermutigt, neue Wege zu gehen. Sie ist ein wahrer Segen in meinem Leben, und ich bin ihr so unendlich dankbar.

Außerdem möchte ich dem Team der Münchner Verlagsgruppe danken, dass sie mich gefragt haben, ob ich ein Buch schreiben möchte. Die Arbeit an diesem Buch war für mich eine wahre Achterbahnfahrt der Gefühle, aber ich bin froh, dass ich es gemacht habe, und stolz, dieses Buch jetzt in den Händen halten zu können. Besonders möchte ich mich bei meiner Lektorin Isabella bedanken, die mir mit Rat und Tat zur Seite stand und mich bei der Umsetzung meiner Vorstellungen und Ideen unterstützt hat.

Ein weiteres Dankeschön geht an die Firmen Sakura und Tombow, die mich mit Stiften für dieses Buch versorgt haben. In diesem Zuge möchte ich auch

Franzi von @pueppiundlotta danken, die in ihrem Sortiment immer alle Materialien hat, die ich brauche, um meine Leidenschaft auszuleben. Danke für deinen wundervollen Shop und die irrsinnig schnellen Lieferungen.

Last but not least geht ein unheimlich großes und von Herzen kommendes DANKE raus an meine Community, die mich jeden Tag so tatkräftig unterstützt, mich mit Schokolade versorgt und es immer wieder schafft, mir ein Lächeln ins Gesicht zu zaubern. Ohne Witz, ohne euch wäre das alles niemals möglich gewesen.

Biografie

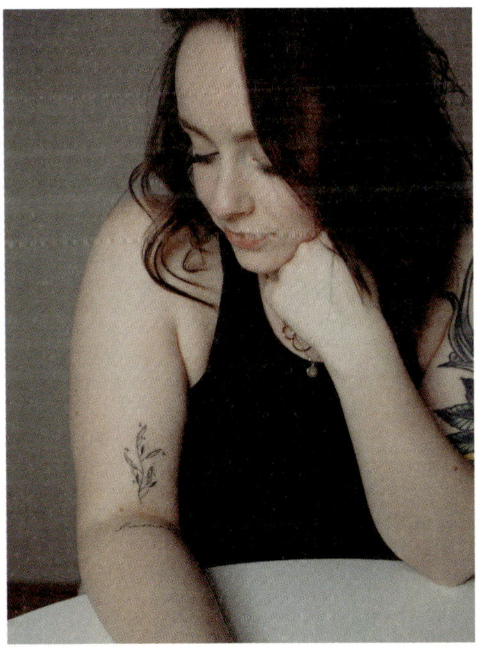

Maria Kopp ist die kreative Person hinter dem Instagram-Account @wolkenletterei.
Sie wuchs in der schönen Altmark in Sachsen-Anhalt auf und lebte dort bis noch vor einem Jahr. 2022 erfüllte sie sich einen Herzenswunsch und zog ins Allgäu, in die Nähe der Berge und mitten in die Natur.
Hauptberuflich übernimmt Maria die wichtige Aufgabe, hörgeschädigte Menschen zu beraten und ihnen durch Hörgeräte wieder zu mehr Lebensqualität zu verhelfen. Als Ausgleich zu ihrem oftmals sehr fordernden Arbeitsalltag begann sie 2020 mit dem Handlettering, worüber sie dann die Liebe zu floraler Line Art entwickelte. Heute umgibt sie eine stetig wachsende Community, die sie mit Workshops, Vorlagen und Anleitungen zu ihren wundervollen floralen Motiven versorgt.

Bibliografische Information der Deutschen Nationalbibliothek
Die Deutsche Nationalbibliothek verzeichnet diese Publikation in der Deutschen Nationalbibliografie. Detaillierte bibliografische Daten sind im Internet über https://dnb.de abrufbar.

Für Fragen und Anregungen
info@mvg-verlag.de

Originalausgabe
1. Auflage 2023

Türkenstraße 89
D-80799 München
Tel.: 089 651285-0
Fax: 089 652096

Umschlaggestaltung: Sonja Vallant
Umschlagabbildung und Fotos: Maria Kopp
Layout und Satz: Bernadett Linseisen (schere.style.papier), München
Lektorat: Beate Schmitz (Ideen hoch 3), Stegen
Texte: Lisa Neumann
Druck: Florjancic Tisk d.o.o., Slowenien
Printed in the EU

Wir produzieren nachhaltig
www.m-vg.de

ISBN Print 978-3-7474-0520-8